Monika Schaal
Ursula Daugschieß-Thumm

Der schwierige Hund im Training

46 Farbfotos
21 Zeichnungen

Heimtiere

Ulmer

Inhalt

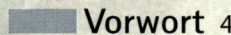

Vorwort

Wie einfach und schön das wäre – man hat einen etwas schwierigeren Hund in der Kursgruppe, schlägt Seite XY im Methodikbuch auf und bekommt ein todsicheres Rezept, wie man mit diesem Hund umgehen muss – und aus dem schwierigen Hund ist ein folgsames Lämmchen geworden.

Nein, das muss ein Traum bleiben, denn Hundeausbildung hat nichts mit Zauberei zu tun, auch wenn spektakuläre Demonstrationen erfahrener Ausbilder manchmal so wirken. Hundeausbildung ist eine Kombination aus jahrelanger Erfahrung, ständigem Dazulernen, einem Blick für das Machbare, der Balance zwischen Bewährtem und neuen Ideen, gepaart mit einer großen Portion Menschenkenntnis.

Wir wollen hier kein Buch voller Rezepte bieten, denn kein Hund ist wie der andere. Was für den einen gilt und funktioniert, kann beim anderen absolut fehl am Platze sein. In den langen Jahren unserer Ausbildertätigkeit sind uns die unterschiedlichsten Hunde und ihre Besitzer begegnet. Viele davon hatten nur mit den üblichen und normalen Problemen zu kämpfen, die sich im Laufe der Hundeerziehung ergeben. Oft fragten uns aber auch Besitzer „schwieriger" Hunde um Rat. Dabei wurde uns bewusst, dass die Definition von „schwierig" sehr verschieden sein kann. Nicht jeder in den Augen seines Besitzers schwierige Hund ist es wirklich und oft lassen sich durch einfache Regeln die Schwierigkeiten verringern.

Wir möchten den Gruppentrainern in Vereinen und Hundeschulen eine allgemeine Anleitung bieten, wie man im Hundekurs günstige Voraussetzungen schaffen kann, damit Probleme klein gehalten werden können oder erst gar nicht auftreten. Unser Buch kann aber genauso dem Besitzer eines als schwierig eingeschätzten Hundes helfen, dieses Bild zurechtzurücken, einen für ihn passenden Kurs zu finden und im Alltag besser mit ihm zurechtzukommen.

Wir danken allen, die zur Entstehung und Verwirklichung dieses Buches beigetragen haben: Viele Hundebesitzer haben uns in zahlreichen Übungsstunden ihr Vertrauen entgegengebracht und mit uns gemeinsam Lösungen erarbeitet. Die Mitarbeiter im Verlag haben uns wie immer mit sehr viel Engagement und Kompetenz unterstützt. Frau Dr. Ursula Breuer hat uns ihr Fachwissen zur Verfügung gestellt und war stets offen für Fragen. Dieser Erfahrungsaustausch bedeutet uns einen großen Gewinn. Ein besonderer Dank gilt unserer Grafikerin Frau Margret Hoss. Mit erstaunlicher Sicherheit ist es ihr gelungen, unsere oft nur in wenigen Worten angedeuteten Ideen treffend genau in die Bilder umzusetzen, die wir uns vorgestellt hatten. Dankbar sind wir nicht zuletzt allen Hunden, die geduldig vor der Kamera agierten oder wie „Emma" als Modell für viele Zeichnungen zur Verfügung standen, ebenso unseren eigenen Hunden, die oft lange auf den versprochenen Spaziergang warten mussten.

Weinstadt und Kaisersbach, im Frühjahr 2001
Monika Schaal
Ursula Daugschieß-Thumm

Problematische Hunde in der Ausbildung

Hundekurse

Manche Hundebesitzer kommen frustriert und enttäuscht aus einer Kursstunde auf dem Übungsplatz. „Heute war er wieder einmal unmöglich!". Die anderen Kursteilnehmer nicken zustimmend oder trösten halbherzig. „Da müssen Sie energisch durchgreifen und dem Hund zeigen, dass er sich so nicht verhalten darf", rät der selbst ernannte Hundefachmann. „Jetzt wird es Zeit, dass Sie mal in einen Erziehungskurs gehen, mit dem Hund müssen Sie arbeiten!" hört der genervte Besitzer als gut gemeinten Ratschlag eines „Experten", wenn sein Hund im Alltag nicht problemlos funktioniert.

Es ist nicht leicht für den Hundebesitzer, den passenden Kurs auszuwählen. Zielsetzung und Methode unterscheiden sich genauso wie Vereinsstrukturen und räumliche Voraussetzungen. Die Qualität der Ausbildung hängt auch davon ab, ob ein Verein oder ein Ausbilder bereit ist, sich weiterzubilden und aktuelle Erkenntnisse der Verhaltensforschung in die Kursgestaltung mit einzubeziehen. Die Anpassung der Kursinhalte an die geänderten Bedingungen erfordert Flexibilität und ein Gespür für die Bedürfnisse der Teilnehmer.

Welpenspieltage, Begleithundekurse, Agility, Fährtenarbeit, Breitensport, Apportierkurse, jagdliche Ausbildungskurse, Spielkurse, Obedience, Alltagstraining

Gestaltung des Hundekurses

Manchmal entstehen Schwierigkeiten durch Unkenntnis, Gedankenlosigkeit und Fehleinschätzungen. Nicht der Hund ist besonders problematisch, sondern die Bedingungen, unter denen er funktionieren soll.

Auf den Kurs einstimmen

Ein ganz normaler Wochentag: Der Hundebesitzer kommt nach anstrengendem Arbeitstag nach Hause. Einkäufe und Alltagskram sind noch zu erledigen und der Hund war auch noch nicht lang

Arbeiten unter
Ablenkung ist nicht
einfach!

„Mein Hund zieht immer so!"

genug spazieren. Aber um 18 Uhr beginnt der Erziehungskurs im Hundeverein. Also kommt der Hund ins Auto, auf der Fahrt zum Übungsplatz werden die Besorgungen erledigt. Die Zeit reicht nur noch für den kleinen Lösegang auf dem Parkplatz des Supermarkts. Zwei Minuten vor 18 Uhr biegt der Wagen mit quietschenden Reifen um die letzte Kurve. Die anderen Teilnehmer der Übungsgruppe stehen bereits auf dem Gelände. Nun schnell den Hund an die Leine und auf den Platz gerannt, gerade noch geschafft! Alle Hunde Fuß, marsch!

So sind Probleme vorprogrammiert! Gerade auf Kleinigkeiten sollten Hundebesitzer und Kursleiter achten, damit es die Hunde von Anfang an nicht unnötig schwer haben.

Hundebesitzer und Hund brauchen die Möglichkeit, sich mental auf den Kurs einzustellen: Wird der Hund den ganzen Tag über ständig beachtet und für Kleinigkeiten belohnt, ist er nicht mehr aufmerksam und Belohnungen haben für ihn keine besondere Bedeutung mehr.

Ein Hund, bei dem den ganzen Tag über zu Hause Trubel herrscht oder der mit seinem Besitzer eine mehrstündige Wanderung hinter sich hat, ist müde und macht viele Übungen nur lustlos mit.

Wenn ein bewegungshungriger Hund dagegen stundenlang gewartet hat, bis sein Besitzer nach Hause kommt, nützt er die Übungsstunde zunächst einmal dazu, herumzutollen und an der Leine Unsinn zu machen. Auch der Kursleiter sollte sich Gedanken darüber machen, aus welchen Alltagssituationen die Teilnehmer kommen und ihnen mit einer passenden Aufwärmübung den Einstieg in die Übungsstunde erleichtern.

Ob ich das je schaffen werde ?
– Hoffentlich blamiere ich mich nicht!

8

Äußere Bedingungen

Obwohl manchmal die Einzelarbeit mit einem problematischen Hund nötig ist, wird doch häufiger in Gruppen geübt. Hierbei ist ein geschlossenes Kurssystem geeigneter, weil alle Teilnehmer von Anfang an den gleichen Informationsstand haben und ein bestimmtes Kursziel angestrebt werden kann.

Geschlossenes Kurssystem:

- Feste Teilnehmergruppe, Quereinstieg nicht möglich
- Kursleiter wechselt nicht, gleiche Methode
- Zeitrahmen über 8 bis 10-mal
- genaue Zielsetzung

Wenn möglich, sollten in einer Gruppe Hunde mit ähnlichen Voraussetzungen zusammengefasst werden. Dies betrifft Alter, Ausbildungsstand, Rassezugehörigkeit oder die Zusammenstellung von Hunden mit ähnlichen Schwierigkeiten. Sind sehr unterschiedliche Hunde in einer Gruppe, muss für jeden Hund die passende Methode angewendet werden und die Auswahl der Übungen kann immer nur für einen Teil der Hunde ins Schwarze treffen. Bei ähnlichen Voraussetzungen der Teilnehmer ist ein kontinuierlicher Übungsaufbau möglich, meist stellt sich dann auch ein guter Lernerfolg ein.

Je nach Gruppenzusammensetzung ist eine Teilnehmerzahl von sechs bis zehn Hunden sinnvoll. Bei zu vielen Teilnehmern kann auch der beste Kursleiter die Situation nicht immer überschauen. Gezielte Hilfe für den Einzelnen kommt dann zu kurz oder es entstehen für die anderen Teams lange Wartezeiten.

Die Wahl des Übungsgeländes hängt von Kursart und -zielen ab. Für Anfängerkurse aber ist ein fester Übungsplatz zunächst sinnvoll,

9

■ Wenn die
Atmosphäre stimmt,
kommen die Teilnehmer
gerne.

um Ablenkungen zu vermeiden. Dennoch sollten auch Erziehungs-
kurse immer wieder ins Gelände verlagert werden. Dies ermöglicht
das Üben unter Ablenkung und das Trainieren von Gehorsam in
Alltagssituationen.

Eine angenehme und ruhige Arbeitsatmosphäre macht entspanntes
Lernen möglich. Dafür hat zunächst der Kursleiter zu sorgen. Je besser sich die Teilnehmer jedoch kennen, desto mehr besteht die Gefahr,
dass die Übungsstunde zum Kaffeeklatsch wird. Die Teilnehmer haben
sich in den Wartezeiten viel zu erzählen, konzentrieren sich nicht
mehr auf ihren Hund und achten nicht mehr auf die Anweisungen
und Erklärungen des Ausbilders. Lernwille, ein gesunder Ehrgeiz und
Konzentration auf die Arbeit sind aber Voraussetzungen dafür, dass Kursziele auch erreicht werden
können.

Dieses Kursziel sollte auch für die Teilnehmer
klar definiert werden. So entstehen keine falschen
Erwartungen darüber, was der Hund am Ende der
Kurseinheit können soll.

TIPP

Zu hoch gesteckte Ziele setzen
Ausbilder und Teilnehmer zu sehr
unter Druck, Zwischenerfolge dagegen
spornen an.

Spielen im Kurs

Es ist in vielen Kursen üblich, die Hunde vor der Übungsstunde oder
in den Pausen miteinander spielen zu lassen. Meist ist dies ein
unkontrolliertes Spiel, bei dem die Teilnehmer sich unterhalten und
die Hunde sich selbst überlassen.

Diese Art des Spielens mag für einige Hunde oder Übungsgruppen
mit passender, harmonischer Zusammensetzung geeignet sein. Es
beinhaltet jedoch auch eine Menge Konfliktstoff, denn nicht für jeden
Hund ist dieses unkontrollierte Spiel sinnvoll.

Wirklich entspanntes Spiel findet nur in einer Gruppe statt, in der
sich die Hunde gut kennen. Aber auch dann finden sich immer nur
zwei oder drei Hunde zusammen, die sich wirklich gut verstehen. Bei

einer neu zusammengestellten Kursgruppe ist dies selten der Fall. Außerdem gibt es Hunde, die auf Grund ihrer Wesensveranlagung schon in einer kleinen Gruppe überfordert sein können.

Gerade für schwierige Hunde in der Übungsgruppe ist unkontrolliertes Spielen nicht zu empfehlen. Ein hektischer, überbegeisterter Hund wird durch ein Spiel vor der Übungseinheit noch viel abgelenkter und unkonzentrierter, denn er braucht von sich aus viel mehr Zeit als andere Hunde, bis er sich wieder auf seinen Menschen und seine Arbeit konzentrieren kann.

TIPP

Für Menschen ist Spiel gleichbedeutend mit Spaß und Entspannung. Für Hunde hat es eine ganz andere Funktion. Es ist nicht immer nur schön, Spielen dient vor allem bei erwachsenen Hunden dazu, den sozialen Status auszuloten.

Ein ängstlicher Hund fühlt sich vielleicht durch aufdringliche Spielaktionen anderer Hunde oder durch sehr um Kontakt bemühte Kursteilnehmer überfordert. Kann er dem nicht ausweichen, weil es das Gelände nicht erlaubt oder die anderen ihn weiter bedrängen, schnappt oder bellt er vielleicht und lernt dabei, damit andere auf Distanz zu halten. Für diese Hunde ist der kontrollierte Freilauf besser. Hier können sie in einer überschaubaren, kleinen Gruppe miteinander rennen. Das Gelände muss Ausweichmöglichkeiten bieten, so kann der Hund den Abstand zu den anderen einhalten, der für ihn angenehm ist. Die Teilnehmer bewegen sich auf dem Platz hin und her, bleiben auf keinen Fall für längere Zeit als Gruppe stehen und nehmen zunächst von sich aus keinen Kontakt zum Hund auf.

Bei jedem Spiel können Situationen entstehen, in denen sich ein Hund aggressiv verhält. Er könnte Beute oder für ihn wichtige Dinge bewachen oder verteidigen wollen, den verfaulten Apfel, das Mauseloch oder den eigenen Besitzer. Auch ein sehr auf seinen Status bedachter Hund wird das Spiel nicht immer genießen. Ist er sehr souverän, wird er die anderen wenig beachten und nur dann kurz eingreifen, wenn sich einer der Hunde aus seiner Sicht daneben benimmt. Ist er jedoch nicht so selbstsicher, wird er jede kleine ranganmaßende Geste eines anderen Hundes als Herausforderung betrachten und entsprechend aggressiv darauf reagieren.

Freier Kontakt zu anderen Hunden und Teilnehmern sollte bei aggressiv reagierenden Hunden im Kurs nur dann zugelassen werden, wenn sich die dafür notwendigen Bedingungen schaffen lassen. Nötig sind ein besonders geschulter Ausbilder, entsprechend angeleitete Teilnehmer und für den speziellen Fall ausgewählte Partnerhunde. Diese „therapeutische" Arbeit ist in Kurssituationen in der Regel nicht zu leisten und sollte dem Fachmann überlassen bleiben. Dieser kann auch einschätzen, bei welchem Hund dadurch ein Lernfortschritt zu erwarten ist.

Beim schlecht motivierbaren Hund ist Spielen vor dem Kurs oder in den Pausen nicht in jedem Fall schlecht. Einige Hunde wachen dadurch aus ihrer Lethargie auf und sind wenigstens kurze Zeit danach aktiver und ansprechbarer als sonst. Manchmal finden auch andere Kursteilnehmer im Spiel mit einem solchen Hund heraus, wie er sich begeistern lässt. Gehört der Hund jedoch zu denen, die auf Grund ihrer Konstitution und Veranlagung langsam und bedächtig reagieren oder schnell müde werden, wird er beim Spielen vor dem Kurs noch im Rahmen seiner Möglichkeiten aktiv mitmachen, gerade dann aber erschöpft die erste Ruhepause einlegen, wenn der Kurs begonnen hat.

Beispiel einer Kursstunde

Natürlich bestimmt das Kursziel den Ablauf einer Übungsstunde. Als Beispiel hier eine Kursstunde für fortgeschrittene Hunde.

Vor der Übungsstunde haben die Hundebesitzer ihren Hunden auf einem ruhigen Spaziergang die Möglichkeit gegeben, sich zu lösen. Wenn die Teilnehmer den Platz betreten, sind die Hunde angeleint. Spielen an der Leine ist tabu. Die ersten Minuten nützen die Besitzer für ruhige Gehorsamsübungen an der Leine. Schwierige Hunde bekommen gezielte Anweisungen vom Ausbilder, vor allem sollte dabei genügend Abstand zu den anderen gehalten werden.

Nun folgen leichtere Übungen und Wiederholungen der letzten Stunde. Stellen sich dabei Probleme heraus, werden sie jetzt nochmals besprochen und aufgearbeitet. Nach diesen Aufwärmübungen in der Gruppe wird eine neue Übung eingeführt. Diese neuen Aufgaben werden oft zunächst in Einzelarbeit geübt. Je nach Gesamtdauer der Übungseinheit ist dann eine kurze Verschnaufpause angesagt, in der die Hunde nicht spielen dürfen, sondern einen ruhigen Lösegang außerhalb des Platzes machen oder ein paar Minuten im Auto ausruhen.

Nach der Pause wird die neue Aufgabe vertieft und manchmal auch erweitert. Danach könnten schon bekannte Gruppenübungen, Einzelarbeit oder Apportieraufgaben folgen. Zur Auflockerung kann ein Gehorsamsspiel eingebaut werden. Beendet wird die Stunde mit einer ruhigen Gruppenübung, die aller Voraussicht nach gelingen

wird, damit alle Teilnehmer mit einem Erfolgs-
erlebnis nach Hause gehen können.

Viele Teilnehmer stufen ihren Hund als schwierig
ein, nur weil er eine Übung schlechter macht als die
anderen Hunde. Dies ist aber normal, weil sich das
Lerntempo der einzelnen Hunde unterscheidet und
auch die Auffassungsgabe der Besitzer verschieden
ist.

Spezielle Kurse für spezielle Probleme

Manche sehr problematischen Hunde und ihre
Besitzer kommen in der normalen Übungsgruppe zu
kurz, lenken die anderen Hunde ab und beschäftigen den Kursleiter im Übermaß. Die Besitzer sind
frustriert, weil sie sehen, dass ihr Hund den
Anforderungen des Kurses nicht gewachsen ist und bleiben oft weg.
Es ist dann sinnvoll, Hunde mit ähnlicher Problematik in einer sehr
kleinen Gruppe zusammenzufassen. In einem „Rauferkurs" können
gezielt Übungen zu dieser Problematik durchgeführt werden. In einem
Kurs für hektische Hunde werden verstärkt ruhige Übungen gemacht
und alle Ablenkungen zunächst vermieden.

Manchmal reicht es aus, einige Übungstermine anzusetzen, bei
denen einzeln mit dem Besitzer und seinem Hund gearbeitet wird.
Danach kann das Team in bestehende Kurse integriert werden. Dabei
dürfen sich die Methoden des Einzeltrainings und die der Kursstunde
nicht widersprechen.

Ausbildungsmethoden

Einige Ausbilder oder Hundeführer versuchen, den etwas schwierigen
Hund mit rauhen Umgangsformen zu bessern. Manche Teilnehmer
bewundern das „beherzte" Eingreifen, während andere sich abwenden
und überlegen, ob sie den nächsten Tierschutzbeauftragten
informieren sollen.

Generell wird körperliche Gewalt in der Hundeerziehung von
Fachleuten als wenig Erfolg versprechend angesehen und immer mehr
abgelehnt. Oft ist der Hund zwar kurzfristig von diesen Maßnahmen
beeindruckt, verweigert dann aber die Mitarbeit oder reagiert auf
diese Art der Erziehung ängstlich oder aggressiv, oft auch erst später
bei einer ähnlichen Situation. Es nützt niemand, wenn der Ausbilder

Überlegter Stundenaufbau:
● Kursinhalte stufenweise aufbauen, den Hund nicht überfordern, sondern dort „abholen, wo er steht"
● Neues dosieren, nicht alle neuen Übungen in die erste Stunde packen
● Differenzieren, Schwierigkeit dem Leistungsstand des Hundes anpassen
● Erfolgserlebnisse ermöglichen
● Hausaufgaben geben, erreichbare Ziele setzen
● Lernschritte den Möglichkeiten von Hund und Besitzer anpassen
● Loben für gelungene Einzelschritte nicht vergessen

13

■ Eine Kursgruppe mit unterschiedlichen Ansprüchen und Voraussetzungen.

in einer Kurssituation demonstriert, wie drastisch er jetzt mit dem Hund umgehen würde, der Hundebesitzer dies aber niemals auf Dauer nachvollziehen wollte oder könnte.

Energisches, schnelles, zielbewusstes und konsequentes Handeln ist bei der Ausbildung von schwierigen Hunden wichtig und die Grundvoraussetzung für den Erfolg. Leider verstehen viele Hundebesitzer und Ausbilder darunter immer noch Gewalt, massive Einwirkungen und lauten Umgangston. Gute Hundeausbildung dagegen arbeitet vor allem mit leisen Tönen und positiver Verstärkung. Grundlage ist das fundierte Wissen über die Lernfähigkeit und das Verhalten von Hunden.

Energisch bedeutet: Entschlossenes und selbstbewusstes Auftreten des Besitzers dem Hund gegenüber. Halbherzige, zögerliche Handlungen, eventuell verbunden mit nachträglichen Entschuldigungen beim Hund, lassen diesen an der Entschlossenheit und den Führungsqualitäten seines Besitzers zweifeln. Natürlich muss energisches Verhalten dem Hund angepasst sein. Was für den einen Hund sehr energisch ist, nimmt ein anderer überhaupt noch nicht zur Kenntnis.

Schnell heißt: Es muss sofort gehandelt werden, und nicht erst Sekunden später, wenn der Hund bereits an etwas anderes denkt oder etwas anderes tut. Richtiges Timing ist dabei der Schlüssel zum Erfolg.

Zielbewusst meint: Der Besitzer muss wissen, was er möchte und sich vorher genau überlegen, was der Hund auf ein bestimmtes Signal hin tun soll und in welcher Form dies geschehen soll. Nur dann kann er die Aktionen seines Hundes belohnen oder korrigieren.,

Konsequent ist: Der Besitzer reagiert auf eine bestimmte Handlung seines Hundes immer gleich. Wird das gleiche Verhalten des Hundes einmal übersehen, dann wieder fast belohnt oder aber drastisch bestraft, ist dies für den Hund nur schwer nachvollziehbar. Er wird unsicher oder störrisch werden, weil er die Anweisungen und Reaktionen seines Besitzers nicht mehr einordnen kann und sein Vertrauen zum Besitzer wird erschüttert.

Ein Hundekurs besteht nicht nur aus Hunden

Ein Kursleiter sollte nicht nur ein Hundefachmann, sondern auch ein guter Menschenkenner sein, denn Hundeausbildung bedeutet zunächst einmal die Schulung des Besitzers im richtigen Umgang mit seinem Hund.

■ Bei jedem Kurs muss sich der Kursleiter wieder auf neue Menschen, Hunde und Probleme einstellen.

Der Kursleiter

Der Ausbilder ist nicht nur dazu da, der Gruppe Kommandos zu geben. Dazu gehört nicht viel. Er trägt eine große Verantwortung, denn nach seinen Ratschlägen und Anweisungen wird ein Hund zunächst ausgebildet. Die Eigenverantwortlichkeit des Besitzers muss auf alle Fälle erhalten, geschult und ausgebaut werden. Der Hund darf nicht nur auf dem Übungsplatz und in Anwesenheit des Kursleiters funktionieren.

Bei schwierigen Hunden ist das Fingerspitzengefühl und das Können eines Ausbilders erst recht gefragt. Er darf nicht aus falschem Mitgefühl alle problematischen Hunde unbesehen in seinen Kurs integrieren, ohne die Folgen für die anderen Teilnehmer und die Lernfortschritte der Gruppe zu bedenken. Wenn problematische Hunde seine eigenen Fähigkeiten überfordern, muss er rechtzeitig Unterstützung durch einen versierten Kollegen suchen oder den Hund in eine geeignetere Gruppe weitergeben. Genauso schlecht wäre es, nur aus Unkenntnis oder Bequemlichkeit die etwas schwierigeren Hunde auszuschließen. Auch solche Hunde haben das Recht auf Ausbildung im geeigneten Rahmen, selbst wenn es etwas mehr Mühe, Nachdenken und Aufwand erfordert.

Ob ich der Gruppe gerecht werden kann?

Der Hundebesitzer

Viele Hundebesitzer kommen mit großen Erwartungen in den Kurs. Die einen haben hoch gesteckte Prüfungsziele, andere haben

15

Schwierigkeiten im Umgang mit ihrem Hund und erhoffen sich hier schnelle Abhilfe. Wieder andere kommen nur, weil der Züchter sie geschickt hat oder die Nachbarin vom ach so netten Nachmittag bei Kursleiter XY erzählt hat. Auf keinen Fall darf der Hundebesitzer erwarten, dass sein Hund auf wundersame Weise plötzlich gehorcht oder keine Schwierigkeiten mehr macht, nur weil er jetzt einen Kurs besucht. Die Anweisungen, Erklärungen und Korrekturen im Kurs können nur Grundlage und Anregung dafür sein, wie daheim im Alltag weiter mit dem Hund geübt werden muss, damit ein bestimmtes Ziel erreicht wird. Auch von einem sehr erfahrenen Kursleiter darf keine Wunderheilung erwartet werden. Der Hundebesitzer darf aber verlangen, dass er und seine Schwierigkeiten ernst genommen werden.

Arbeiten mit einem schwierigen Team

Ein schwieriger Hund in der Übungsgruppe erfordert vom Ausbilder ein höheres Maß an Aufmerksamkeit und Überlegungen. Das ist nicht immer einfach, Ausbilder und Hundebesitzer sind auch nur Menschen. Gegenseitige Achtung und Rücksichtnahme sind Voraussetzung für eine gute Zusammenarbeit.

Teampartner Hund

Es ist wichtig, dass sich der Kursleiter über die Besonderheiten des betroffenen Hundes informiert.
- Welche Bedürfnisse hat dieser Hund?
- Welche Verhaltensweisen sind für diese Rasse „normal"?
- Welche Anforderungen stellt dieser Hund an sein Umfeld?
Genauso nötig ist es, dass sich der Kursleiter behutsam nach der Vorgeschichte, den Lebensbedingungen und dem Gesundheitszustand des schwierigen Hundes erkundigt oder die Erwartung des Besitzers an den Hund kennen lernt. Dies ist keine Neugier, sondern hilft dem Ausbilder, Hund und Besitzer besser einzuschätzen und so möglicherweise helfen zu können.

Während einer Übungsstunde mit schwierigen Hunden übt der Kursleiter das „Schielen". Auf der einen Seite sollte er den problematischen Hund immer im Auge behalten, damit er schnell reagieren und Anweisungen geben kann. Auf der anderen Seite darf er sich nicht nur mit diesem Hund beschäftigen. Denn dieser ist im normalen Kurs einer von mehreren, die genauso das Recht auf die Aufmerksamkeit des Kursleiters haben. Ist der Hund so schwierig und braucht er sehr viele Anweisungen und Korrekturen, ist er in Einzelstunden oder in Spezialkursen besser aufgehoben.

Teampartner Mensch

Die Besitzer von schwierigeren Hunden fühlen sich in Kurssituationen oft unwohl. Niemand ist es gleichgültig, wenn sein Hund bei jedem Vorbeigehen an anderen Hunden knurrt und an der Leine zieht. Niemand freut sich darüber, wenn sein Hund zum wiederholten Mal bei der Komm-Übung wegrennt, andere Hunde zum Spielen auffordert und damit natürlich das Kursgeschehen stört. Freudiges bis hektisches Hochspringen des Hundes mit In-die-Leine-Beißen bei der Fußgeh-Übung löst keine Begeisterung aus. Man fällt einfach auf mit solchen Hunden!

Ein Kursleiter hat die Aufgabe, zusammen mit dem Besitzer die Schwierigkeiten zu erkennen und nach Lösungen zu suchen. Es hat keinen Sinn, die genervten Besitzer eines solchen Hundes vor der Gruppe zu blamieren oder etwa vorzuführen, wie

> **TIPP** Seminar für Kommunikationstraining besuchen!

gekonnt man selbst mit diesem Hund eine Übung meistern würde. Jedoch hat es manchmal Sinn, wenn der Ausbilder einen solchen Hund für kurze Zeit selbst an die Leine nimmt, um auszuprobieren wie man mit diesem Hund umgehen könnte oder um dem Besitzer zu zeigen, worauf es ankommt. Dies erfordert aber Feingefühl.

Größere Probleme sollten nicht während einer Übungsstunde und vor der ganzen Gruppe besprochen werden. Dies kostet Zeit, die anderen Teilnehmer warten untätig und der Besitzer des „Problemhundes" wird sich in einer solchen Situation auch nicht besonders wohl fühlen. Besser ist dazu ein gesonderter Termin.

Trotzdem ist es nötig, Verständnis bei den anderen Teilnehmern aufzubauen, damit diese nicht genervt auf die Unfähigkeit des Hund-Mensch-Teams und das vermeintliche Versagen des Besitzers reagieren.

Es gibt aber auch Schwierigkeiten, die ihren Ursprung in den Eigenschaften des Hundebesitzers haben. Manche Hundebesitzer haben motorische Probleme oder Wahrnehmungsstörungen und tun sich schwer, Anweisungen des Kursleiters umzusetzen. Andere Hundebesitzer wollen Schwierigkeiten nicht wahr haben und verniedlichen die Untugenden ihres Hundes oder sind sogar noch stolz darauf.

17

„Fehler sind
nützlich, aber nur,
wenn man sie
schnell findet."
(Maynard Keynes)

Was ist „schwierig"?

Für den einen Hundebesitzer bedeutet „schwierig" bereits, wenn sein Hund nicht blitzartig sitzt, sobald er ihm ein Kommando dazu gibt, für den anderen, wenn der Hund anfängt zu streunen und für den dritten ist ein Hund erst dann schwierig, wenn er den Nachbarn beißt.

Ursprung des Hundeverhaltens

Rechte Seite:
Mit dem Wind um die Wette laufen – aber für eintönige Gehorsamsübungen ist er weniger zu haben.

Unsere Haushunde stammen vom Wolf ab. Im Laufe der Haustierwerdung haben sich manche der ursprünglichen Verhaltensweisen der Wölfe abgeschwächt, weil sie für den Menschen nicht so wichtig waren, andere wurden bewusst erhalten oder verstärkt. Trotz aller züchterischer Bemühungen zeigen die meisten Hunde dennoch immer noch Verhaltensmuster, die mit gewissen Abweichungen denen des Wolfs entsprechen.

Wenn man beurteilen möchte, was bei einem Hund schwierig ist und was nicht, sollte man zunächst wissen, welches Verhalten für einen Hund normal ist. Ein Hund, der Beute bewacht und verteidigt, handelt aus seiner Sicht richtig und normal, kann jedoch seinem Besitzer im Apportierkurs Schwierigkeiten bereiten.

Manchmal wird auch normales Hundeverhalten wie Bellen oder Bewachen in der heutigen Zeit mit ihren beengten Wohnverhältnissen oder eingeschränkten Auslaufmöglichkeiten zum Problem. Man erwartet einen angepassten Hund, der sich möglichst unauffällig verhält und im Alltag keine Schwierigkeiten macht, was auch immer man ihm zumuten mag.

Das „Handwerkszeug" der verschiedenen Arbeitshunde: Wachsamkeit, Selbstständigkeit, Reaktionsschnelligkeit, Wildschärfe, Ausdauer.

Unsere Hunde sehen nicht nur unterschiedlich aus, sie können sich auch erheblich in ihrem Temperament und ihren Anlagen unterscheiden. Viele Hunde wurden gezielt auf einen bestimmten Verwendungszweck gezüchtet, dadurch sind ganz bestimmte Anlagen des Hundes gefördert worden. Bekommen solche Hunde die Möglichkeit, in ihrem Spezialgebiet zu arbeiten, leisten sie hervorragende Arbeit. Sie können ihre Fähigkeiten voll einsetzen und sind dadurch ausgelastet, ausgeglichen und zufrieden. Im Alltag entstehen häufig dann Probleme, wenn ein

Beobachtungen an Wölfen und Wildhunden sind aufschlussreich.

solcher Hund nur als Familien- und „Sofahund" gehalten wird.

Es ist immer hilfreich, die verschiedenen Standards der Rassen zu kennen. Doch ist nicht jede Rassebeschreibung objektiv. Beschreibungen wie „intelligent, wachsam, guter Familienhund und freundlich zu Kindern" lassen sich sehr unterschiedlich auslegen. Außerdem können sich Hunde der gleichen Rasse stark voneinander unterscheiden und Hunde des selben Wurfs entwickeln sich oft ganz verschieden. Dadurch entspricht ein Hund nicht immer den Erwartungen, die bei der Entscheidung für gerade diesen Hund und diese Rasse eine Rolle gespielt haben.

Gründe für problematische Verhaltensweisen

Verhaltensweisen eines Hundes werden immer dann zum Problem, wenn sie nicht der Norm entsprechen, die der Alltag, der Besitzer, die Kursform oder die Übungsgruppe vorgeben. Wir verlangen eine sehr große Anpassungsfähigkeit unserer Hunde an unsere eigenen Lebensweisen und an die menschlichen Vorstellungen, wie ein Hund zu sein hat.

Der falsche Kurs

Schwierigkeiten können dadurch entstehen, dass ein Besitzer für sich und seinen Hund einen unpassenden Kurs gewählt hat. Ein Bernhardiner wird im Agility-Kurs weniger erfolgreich sein als ein Irischer Setter, weil er Hindernisse – wenn überhaupt – nur schwerfällig überwinden wird. Wenn ein Hund Dinge erlernen soll, die seinen Anlagen und Fähigkeiten nicht entsprechen, tut er sich schwer damit. Nicht der Hund ist in diesem Fall schwierig, sondern der Besitzer, der unrealistische Leistungen von seinem Hund erwartet. Auch wenn das Kursziel und der Inhalt realistisch ausgewählt werden, kann sich ein Hund-Mensch-Team durch eine ungeschickte Teilnehmerzusammenstellung als schwierig empfinden. Ein quirliger, unruhiger Terrier wird in einer Gruppe ruhiger Retriever immer auffallen.

Unpassende Kursgestaltung

Veraltete Methoden, Überforderung der Teilnehmer durch zu schwierige Übungen, zu viel Druck, falscher Ehrgeiz, starre Regeln, zu schnelles Vorgehen und falsche Zielvorstellungen lassen im Hundebesitzer oft den Eindruck entstehen, einen schwierigen Hund zu haben. Das scheint hier nur so. In einem passenden Kurs würde der Besitzer seinen Hund vielleicht als ganz normal empfinden.

Rassebedingte Besonderheiten

Noch vor wenigen Jahren waren die Gebrauchshunde (Schäferhund, Boxer, Rottweiler, Hovawart, Dobermann, Riesenschnauzer, Airedaleterrier) die Hauptvertreter einer Übungsgruppe im Hundeverein. Dies hat sich inzwischen stark gewandelt. Eine Übungsgruppe besteht oft aus vielen unterschiedlichen Hunden, vom kleinen Pekinesen bis zum Doggencolliemischling. So

■ Jede Rasse hat ihre Stärken und Schwächen.

Herdenschutzhunde wachsen mit Schafen auf und sind für ein Leben in der Großstadt nicht geeignet.

unterschiedlich wie ihr Aussehen sind ihr Verhalten und ihre Fähigkeiten. Dennoch wird oft noch erwartet, dass ihre Leistungen und die Methoden, mit denen sie trainiert werden können, dieselben sind wie bei den Gebrauchshunden.

Besondere Probleme entstehen, wenn der Hund ein für ihn normales Verhalten zeigt, dieses aber dem Menschen gewisse Schwierigkeiten macht. Hier ist es besonders wichtig, dass die Grenzen und Möglichkeiten des Hundes realistisch eingeschätzt und keine unerfüllbaren Ziele angestrebt werden.

In manchen Hunderassen ist ein gewisses misstrauisches Verhalten genetisch festgelegt. Hunde, deren ursprüngliches Aufgabengebiet im Bewachen und Verteidigen lag, werden sich auch in der Übungsgruppe vielleicht nicht gerne von jedem Teilnehmer anfassen und streicheln lassen. Sie bewachen auch auf dem Übungsplatz „ihre" Decke und das Gepäck ihres Besitzers und lassen andere nur ungern in die Nähe. Besitzer einer anderen Rasse kennen diese Probleme vielleicht überhaupt nicht und stufen den Hund dann gleich als gefährlich oder unberechenbar ein.

Bei anderen Hunderassen wird auf Selbstständigkeit und Unabhängigkeit Wert gelegt, dies geht auf Kosten von Führigkeit und Menschenbezogenheit. Besitzer solcher Hunde haben eine ganze Menge an Arbeit zu leisten, bis ihr Hund sie überhaupt aufmerksam anschaut und zur willigen Zusammenarbeit bereit ist.

Hunde, die durch Züchtung Teile des hundlichen Ausdrucks- und Sozialverhaltens verloren haben, sind sowohl von anderen Hunden als auch vom Menschen schwer einzuschätzen. Es kommt häufig in der Hundegruppe zu Konflikten, weil die Reaktionen dieser Hunde nicht immer vorhersehbar sind.

Arbeitseifrige Hunde mit schnellem Auffassungs- und Reaktionsvermögen sind wie überbegabte Kinder in einer Schulklasse normal begabter Kinder. Sie langweilen sich schnell, kommen auf die dümmsten Ideen und stören die Anderen. Ihre Besitzer können sie damit zur Verzweiflung bringen. Sie brauchen abwechslungsreiche Aufgaben.

Das häusliche Umfeld

Auch der Umgang mit dem Hund zu Hause kann problematische Verhaltensweisen auslösen. Wenn einem Hund zu Hause alles erlaubt wird und die Rangordnung nicht geklärt ist, wird es auf dem Übungsplatz schwierig. Hier soll der Hund auf einmal gehorchen und Anweisungen sofort umsetzen. Die Einstellung des Besitzers spielt ebenfalls eine große Rolle. Viele kokettieren mit den Untugenden ihrer Hunde und nehmen die Ratschläge des Kursleiters nicht ernst.

Oft wird auf der einen Seite gern gesehen, dass ein Hund lebhaft, durchsetzungsfähig oder wachsam ist. Andererseits soll er aber Besucher in Ruhe lassen, Kinder nicht anspringen oder nicht jede läufige Hündin durch den ganzen Ort verfolgen. Dies ist fast unmöglich!

Wenn mehrere Familienmitglieder gleichzeitig versuchen, am Hund herumzuziehen und sich außerdem nicht einig sind über Ziele und Methoden, weiß der Hund zuletzt nicht mehr, was er tun und lassen soll. Vielen Besitzern ist nicht bewusst, dass die wöchentliche Übungsstunde alleine nicht ausreicht, einen Lernfortschritt zu erreichen, sondern dass auch im Alltag geübt werden muss.

> **TIPP** Üben im Alltag gehört zu einer fundierten Ausbildung wie die Hausaufgaben in der Schule.

Organische Störungen

Bei vielen Verhaltensauffälligkeiten, vor allem bei Aggressionen, spielen organische Störungen eine große Rolle. Die häufigsten Ursachen sind schmerzhafte Erkrankungen des Bewegungsapparates und Störungen im Hormonhaushalt. Gesundheitliche Veränderungen sind nicht immer auf den ersten Blick erkennbar. Oft hat der Besitzer nur das „Gefühl", dass mit seinem Hund etwas nicht in Ordnung ist.

Daheim darf er alles – und im Kurs soll er plötzlich gehorchen.

Aussagen des Besitzers wie „mein Hund hat sich verändert" oder „er bewegt sich anders" sollten auf alle Fälle Ernst genommen und geklärt werden.

Ein Training ist problematisch oder sogar erfolglos, wenn die Verhaltensveränderung auf eine organische Ursache zurückzuführen ist oder dadurch verstärkt wird.

Problemverhalten

Schwierigkeiten ergeben sich dann, wenn der Hund ein Verhalten zeigt, mit dem sein Besitzer nur schwer umgehen kann oder das er sich zunächst nicht erklären kann.

Häufige Verhaltensauffälligkeiten sind: nervös, hektisch – ängstlich – aggressiv – schlecht motivierbar.

Hunde zeigen die problematischen Verhaltensweisen nicht immer wie sie im Lehrbuch stehen. Es ist möglich, dass ein hektischer Hund gleichzeitig auch aggressiv reagieren kann. Oder ein ängstlicher Hund auch noch schlecht motivierbar ist. Oft ist es nötig, die Probleme nacheinander anzupacken.

Die Verhaltensweisen können in unterschiedlicher Ausprägung vorkommen. Sie können das einzige Problem dieses Hundes sein, zusammen mit anderen Schwierigkeiten auftreten oder ein Hinweis auf weitere Störungen sein.

> **TIPP**
> Jedes Mensch-Hunde-Team ist in seiner Kombination einmalig. Es gibt kein Patentrezept zur Lösung eines Problems, sondern nur einen individuellen Lösungsweg.

Checkliste zur Problemanalyse

Damit ein Problem beseitigt werden kann, muss es zunächst erkannt werden. Nach dieser Checkliste kann man dabei vorgehen.

Beim Abklären dieser Fragen kann sich der Ausbilder nicht nur auf sein „Hundefachwissen" verlassen, sondern sollte Pädagoge, Psychologe und Therapeut in einer Person sein.

Entstehen die Probleme durch das häusliche Umfeld, sind die Ansprüche des Besitzers nicht mit den Fähigkeiten des Hundes vereinbar oder stimmt die Rangordnung nicht, müssen zunächst diese Punkte geändert werden. Erst dann kann ein Training im Kurs erfolgreich sein.

24

Frage	Abklären – Informieren	*Was ist zu tun*
Gibt es Anzeichen für ein organisches Problem	Vom Tierarzt abklären lassen	*Bekannte Krankheiten berücksichtigen.*
Wird der Hund seinen Bedürfnissen entsprechend gehalten?	Vorgespräch und evtl. Hausbesuch.	*Haltungsbedingungen anpassen.*
Ist das Verhalten des Hundes rassetypisch, dem Besitzer aber unangenehm und lästig?	Rassebeschreibung studieren.	*Besitzer über Grenzen und Möglichkeiten des Hundes aufklären.*
Hat der Besitzer oder der Kursleiter die falschen Vorstellungen vom Leistungsvermögen des Hundes?	Kursinhalt und -ziel mit dem Leistungsvermögen des Hundes vergleichen.	*Evtl. anderen Kurs wählen oder mit Kompromissen leben.*
Ist die Ausbildungsmethode für dieses Hund-Mensch-Team geeignet?	Alternativen suchen.	*Geeignete Alternativen anwenden.*
Verhält sich der Hund im Alltag völlig unproblematisch und folgt gut? Bestimmt er sich nur in der Kurssituation unmöglich?	Über- bzw. Unterforderung abklären. Kursziele und Gruppenzusammenstellung prüfen.	*Evtl. anderen Kurs wählen, kleinere Gruppe*
Setzt der Besitzer die Ratschläge und Anweisungen im täglichen Umgang mit dem Hund um?	Überprüfen, ob nur auf dem Übungsplatz konzentriert gearbeitet wird und ansonsten das Chaos herrscht.	*Ratschläge und Anweisungen auch in Alltagssituationen anwenden. Hausaufgaben geben.*
Kann der Kursleiter mit schwierigen Hunden umgehen?	Selbstkritisch sein, nachfragen, Gespräch suchen.	*Unterstützung durch erfahrene Kollegen suchen.*

Der hektische, unkonzentrierte Hund

Unruhig und ständig abgelenkt

Unruhige, nervöse Hunde werden im Kursgeschehen schnell als störend empfunden. Sie halten den „Betrieb" auf und verleiten andere Hunde ebenfalls zu Ungehorsam und unerwünschten Aktionen. Die Besitzer solcher Hunde werden von den anderen oft als unfähig, lasch und weniger durchsetzungsfähig eingestuft. Die Aussage: „Daheim ist er ganz anders, viel ruhiger, da gehorcht er besser, nur hier im Kurs ..." wird als Ausrede angesehen und meist auch nicht geglaubt.

Beschreibung

Schon auf der Fahrt zum Übungsgelände ist Hund aufgedreht, kann nicht still sitzen, winselt, fiept, kläfft. Hund hechelt hektisch, was mit der Temperatur im Wagen nichts zu tun hat. Während seine Besitzer

Machen Sie sich bei einem hektischen Hund auf plötzliche, unerwartete Reaktionen gefasst, auf die Sie schnell reagieren müssen!

26

Aufmerksamkeit über längere Zeit kann trainiert werden.

die Siebensachen für den Kurs zusammensuchen, sollte Hund eigentlich ruhig im Wagen warten. Er steht auf, dreht sich um, bellt, kann es kaum erwarten, aus dem Auto zu springen. Auf dem Weg vom Parkplatz zur Übungswiese zieht er an der Leine, hechelt, springt an seinen Besitzern hoch.

Zu Beginn der Stunde sammeln sich alle Hunde-Menschen-Teams in einer Runde zur Lagebesprechung. Alle anderen Hunde können still sitzen, nicht jedoch Hund. Sein Besitzer kann dem Kursleiter überhaupt nicht zuhören, weil er nur damit beschäftigt ist, Hund unter Kontrolle zu halten. Hund zieht von einem Moment auf den anderen an der Leine los, um mit seinem Nebensitzer zu spielen. Hund hopst an seinem Besitzer hoch. Hund wälzt sich auf dem Boden und spielt mit seinen Pfoten. Hund beisst in die Leine und fängt ein munteres Zerrspielchen an. Auf „Lass das doch!" reagiert Hund nicht, höchstens mit einem freudigen Gehopse.

Während der Übungseinheit braucht Hund's Besitzer seine ganze Kraft, um die Blitzstarts in Richtung anderer Hunde oder Menschen unter Kontrolle zu halten. Hund lässt sich durch alles nur Denkbare ablenken – eine Amsel im Baum, ein im Wind fliegendes Birkenblatt, ein Mauseloch, die Spur eines Eichhörnchens auf der Wiese, das Knistern der Leckerchentüte seines Nachbarhundes, ein ungewohntes Geräusch von der Straße.

Zwischendurch schafft es Hund's Besitzer, dass sein Hund neben ihm sitzt. Von Entspannung aber keine Rede. Mit angespannten Muskeln, oft zitternd, sitzt Hund in den Startlöchern, bereit zur nächsten Aktion. Peinlich berührt von so viel Unvermögen schauen die anderen Kursteilnehmer diskret gen Himmel und verdrehen die Augen. Hund's Besitzer bemerkt diese Blicke und wünscht sich weit weg oder einen ganz ruhigen Hund, der im Kurs ein Musterexemplar abgeben würde. So hatte er sich den Hundekurs nicht vorgestellt ...

Erkennen Sie Kurshunde hier wieder? Vielleicht trifft nicht alles genau so zu, doch sorgen schon wenige der hier beschriebenen Verhaltensweisen für Probleme und machen die Kursstunde mühsam für alle Beteiligten.

Fehlinterpretationen

Hektik und Konzentrationsmangel ist nicht,
• wenn ein Hund von sich aus lebhaft und bewegungsfreudig ist

- Arbeitseifer
- schnelle Auffassungsgabe und Beobachtungsvermögen

Was kann die Ursache sein?

Wenn die Gründe für ein Verhalten erkannt sind oder beseitigt
werden können, ist es oft möglich, einen Ausbildungsweg zu finden,
der Erfolg verspricht.

Organische Ursachen

Körperliche Schäden können sich auf das Verhalten eines Hundes
auswirken, ohne dass ein Zusammenhang auf den ersten Blick
ersichtlich wäre: Schilddrüsenerkrankungen, Leberfunktionsstörungen,
Schäden im Bewegungsapparat, Wirbelsäulenerkrankungen,
Hyperaktivität, Allergien, Nahrungsmittelunverträglichkeiten,
hormonelle Probleme.
An eine organische Ursache sollte gedacht werden, wenn
- die Hektik und Unruhe nicht nur in Kurssituationen besteht,
  sondern nach Aussage der Besitzer auch im häuslichen Umfeld und
  im Alltag zu beobachten ist.
- wenn der Hund es nicht schafft, sich zu beruhigen, auch wenn die
  Kurssituation ideal ist und Kursleiter und Besitzer alles richtig
  machen.
- wenn die Unruhe plötzlich auftritt und der Hund monatelang
  vorher ein ausgeglichener und ruhiger Hund war.
- wenn die Hektik und Unruhe periodisch auftritt oder in einen
  zeitlichen Zusammenhang zum Beispiel mit der Fütterung gebracht
  werden kann.

Unterforderung

Es gibt Rassen, die mehr Bewegung brauchen als andere. Phleg-
matische Hunderassen sind mit weniger Aktivität durchaus zufrieden,
lebhafte Rassen zeigen deutlich, wenn es ihnen langweilig ist. Rassen,
die auf eine bestimmte Arbeit gezüchtet wurden, sei es ein jagdlicher
Einsatz oder die Verwendung als Hütehund, suchen sich bei
Unterforderung im körperlichen und geistigen Bereich oft ihre eigene
Beschäftigung und werden häufig „lästig". Abhilfe schafft oft schon
ein etwas intensiveres Beschäftigungsprogramm. Dies bedeutet nicht,

29

Konzentrations-
übungen durch Körper-
schulung.

dass dieser Hund immer noch mehr Auslauf und noch mehr körperliche Aktivität braucht. Je mehr ein Hund mit Action-Übungen hochgepowert wird, desto schwieriger ist es, ihn wieder auf ein normales Maß herunter zu holen. Körperliche Auslastung ist wichtig, aber dosiert. Sinnvoller sind ruhig verlaufende Beschäftigungsübungen, bei denen sich der Hund konzentrieren muss.

Überforderung

Wenn von einem Hund Dinge verlangt werden, denen er nicht gewachsen ist, kann er mit Hektik darauf reagieren.

Oft wird Hektik als überschäumende Lebensfreude fehlgedeutet, dabei ist Stress die Ursache dieses Verhaltens. Stress kann durch verschiedene Faktoren verursacht werden. Unpassende Kursgestaltung, Ablenkungen durch Unruhe am Rande des Übungsplatzes, zu große Übungsgruppen, zu viele Teilnehmer, lauter oder rüder Umgangston – dies alles kann einen Hund unter innere Anspannung bringen.

Der Faktor Mensch sollte nicht außer Acht gelassen werden. Fühlt sich der Hundeführer durch eine Aufgabe, durch die Kursgestaltung oder durch die Methoden des Ausbilders überfordert, unter Druck oder unsicher, so kann sich dies auch auf das Verhalten des Hundes auswirken. Der Hund bekommt in solchen Situationen oft keine klaren und exakten Anweisungen mehr, die Bewegungen des Menschen werden hektisch und unkonzentiert und der verwirrte Hund kann ebenfalls mit hektischem Verhalten reagieren.

Erlerntes Verhalten

Hat ein Hund von klein auf Menschen und andere Hunde nur als Spielpartner erlebt, fällt es ihm besonders schwer, sich in Gegenwart anderer zu konzentrieren. Für ihn bedeutet die Gegenwart von Menschen und Hunden zunächst nur Spiel und Spaß.

Versucht der Besitzer seinen hektischen Hund durch liebevolles Zureden zu beruhigen, kann der Hund dies als Lob auffassen. Er zeigt sein unruhiges Verhalten weiterhin.

Suchen Hunde die Aufmerksamkeit ihres Besitzers, um sich wichtig zu machen, hat dies häufig mit der Rangordnung im Rudel zu tun. Da ein Ranghöherer den unter ihm Stehenden ignorieren kann, bedeutet es für einen Hund einen Aufstieg in der Rangordnung, wenn er es schafft, seinen Besitzer zu einer Reaktion herauszufordern.

Auch die gut gemeinte Belohnung kann einen Hund vom Lernen abhalten. Übermotivierte Hunde gehen beim Anblick eines Leckerchens in der Hand ihres Besitzers nicht wie gewünscht bei Fuß, sondern springen wie ein Gummiball an ihm hoch, um das Leckerchen zu erreichen. Sie sind für das Kommando „Fuß" nicht mehr empfänglich, sondern interessieren sich nur noch für das Leckerchen.

TIPP

Bei Rückfragen und fehlerhafter Umsetzung durch die Hundebesitzer überlegen, ob die Anweisungen klar und eindeutig waren. Im Zweifelsfall nochmal in anderen Worten erklären oder Übung vormachen.

Die Arbeit mit hektischen Hunden

Auch wenn es sehr viel Mühe macht, ist die Arbeit mit hektischen Hunden oft erfolgreich.

Kursgestaltung

In eine durchschnittliche Übungsgruppe sollten je nach Ausprägung des Problems höchstens zwei hektische Hunde aufgenommen werden. Möglich wäre ein gesonderter Übungskurs für hektische Hunde, hier können drei bis vier Besitzer mit ihren unruhigen Hunden sinnvoll arbeiten.

Damit der Kursleiter sein Programm richtig zusammenstellen kann, muss er wissen, wo die Ursachen für das unkonzentrierte Verhalten zu suchen sind. Sinnvoll sind klar strukturierte Gehorsamskurse mit überwiegend ruhig verlaufendem Programm. Ablenkungen durch wechselndes Gelände oder das Umfeld sollten so gering wie möglich gehalten und nur langsam gesteigert werden. Andererseits verhindert ein dosierter Wechsel in Umgebung und Aufgabenstellung bei unterforderten Hunden Langeweile und damit verbundene unerwünschte Nebenaktivitäten. Im Umgang mit dem hektischen Hund müssen die Hinweise des Trainers eingehalten werden, Schwierigkeiten dürfen nur in dem Maß gesteigert werden wie die Lernfortschritte des Hundes es zulassen.

Methodik

Es hilft viel, wenn schon der Beginn einer Übungsstunde ruhig gestaltet wird. Bereits die Autofahrt zum Übungsgelände muss geübt

■ Erst auf Kommando darf der Hund aus dem Auto springen.

werden. Wenn es die Entfernung zulässt, fährt man mit seinem Hund auch außerhalb der Übungsstunden immer mal wieder zum Übungsgelände, ohne dass dort etwas Besonderes passiert. Manchen Hunden hilft es auch, wenn man nicht immer die selbe Strecke zum Übungsplatz fährt.

Am Übungsplatz muss der Hund ruhig aus dem Auto steigen, kann dann einen kurzen Spaziergang oder ein paar Gehorsamsübungen machen, dann geht es wieder nach Hause. Wenn das Übungsgelände jederzeit auch außerhalb des Übungsbetriebs betreten werden darf, so kann auch das ruhige Betreten des Platzes geübt werden.

Besonders wichtig am Kurstag ist das rechtzeitige Eintreffen am Platz. Wenn man in letzter Minute auf den Parkplatz fährt und den Hund aus dem Auto holt, braucht man sich über das chaotische Verhalten seines hektischen Hundes nicht zu wundern. Es ist gut, wenn man den Platz nicht in der Gruppe und großer Aufregung betritt.

Für die anderen Teams gilt:

- Abstand zum schwierigen Hund halten
- Nicht anschauen, nicht ansprechen
- Keine übertriebenen Bewegungen
- Lautstärke dosieren
- Geduld aufbringen

32

Während der Übungsstunde ist es besonders wichtig, dass sich der Besitzer ruhig und besonnen verhält: gezielte Kommandos, weder zu wenig noch zu viel, ruhige Stimme, eindeutige Bewegungen und Körpersprache.

Ein hektischer Hund kann bei allen Übungen mitmachen, die ruhiges Verhalten fördern wie Fuß-Gehen, Platzübungen oder Übungen ohne Sprachkommandos. Immer muss zunächst ein Abstand zu den anderen Teams eingehalten werden. Vorausschauendes Handeln von Besitzer und Kursleiter ist unbedingt nötig. Der Besitzer muss immer auf unerwünschte Reaktionen seines Hundes gefasst sein. Bei all seinen Bemühungen, die Anweisungen seines Besitzers zu unterlaufen, darf der Hund nie zum Erfolg kommen. Denn, hat er die

Arco, Fuß !

Viele verschiedene Eindrücke stürmen gleichzeitig auf den Hund ein. Es fällt ihm dadurch schwer, die Kommandos seines Besitzers wahrzunehmen.

33

Erfahrung gemacht, dass sich ab und zu die Chance dazu bietet, wird er nach Gelegenheiten suchen, sich erneut zu entziehen. Die lange Feldleine leistet hier gute Dienste, der Hund ist damit stets im Einwirkungsbereich seines Besitzers.

Er kann damit sofort gestoppt werden, wenn er aus dem Platz aufspringt. Beim Gehen frei bei Fuß kann er durch die lange Feldleine schnell wieder an die Seite seines Führers gebracht werden, wenn er auf die Idee kommt, mal schnell den anderen Hunden einen Besuch abzustatten, statt bei seinem Besitzer zu bleiben.

Viele hektische Hunde neigen dazu, am Besitzer hochzuspringen, in die Leine zu beißen oder durch andere Spielchen die Aufmerksamkeit ihres Besitzers oft sehr aufdringlich einzufordern. Geht der Besitzer darauf ein, wird der Hund in seinem unerwünschten Verhalten bestätigt. Selbst Schimpfen, Wegstoßen oder Kommandos bedeuten für den Hund ein Zeichen der Aufmerksamkeit seines Besitzers. Besser ist es, den Hund in solchen Fällen zu ignorieren, ihn also mit absoluter Nichtbeachtung zu behandeln. Meist geben die Hunde sehr schnell auf, setzen sich irritiert hin und zeigen oft Übersprungshandlungen wie Kratzen oder Gähnen.

> **TIPP** Auch wenn der Hund immer wieder korrigiert werden muss – Ruhe bewahren und überlegt handeln, nicht entnervt hinter dem Hund herrufen, keine aufgeregten Bewegungen machen!

Bei aktionsreichen Übungen sollte der Hund in die Pause geschickt werden, denn oft ist das Zuschauen für ihn schon zu aufregend. Ist die Übung so gestaltet, dass der Hund mitmachen kann, ist auf gemäßigtes Tempo und ruhige Kommandos besonders zu achten.

> **TIPP** Lange Feldleine einsetzen! Achtung, Verletzungsgefahr bei Blitzstarts!

Häufige Verschnaufpausen tun Hund und Besitzer gut. Auf keinen Fall darf der Hund in der Pause mit den anderen Hunden spielen, da er sonst sehr überdreht in die Gruppe zurückkommen würde. Es erfordert viel Geduld und Durchhaltevermögen, einen hektischen Hund zur Ruhe zu bringen.

Beispiel einer Kursstunde

Zu Beginn der Übungseinheit sollen die Hunde lernen, in mehreren Metern Abstand zu den anderen Hunden ruhig neben ihren Besitzern zu verweilen. Die Hundebesitzer werden angewiesen, sofort ruhig zu korrigieren, wenn ihr Hund aufstehen will, Blitzstarts zu anderen Hunden macht oder Löcher buddelt. Damit verbringen wir die erste Viertelstunde! Mag das als „Programmpunkt" auch langweilig erscheinen, eines ist sicher – die Besitzer haben genug damit zu tun!

Erfolg zeigt sich daran, dass die Hunde am Ende aufgegeben haben und entspannt daliegen, weil sie sich mit ihren Bemühungen nicht durchsetzen konnten.

Natürlich werden nicht alle Hunde gleichzeitig diesen Zustand erreichen. Es genügt für den Anfang, dass ein Hund für kurze Zeit entspannt neben seinem Besitzer bleibt. Anschließend kann er in die Pause entlassen werden, auch wenn die anderen Hunde noch an diesem Programmpunkt arbeiten.

Danach kommen einfache Fußgeh-Übungen in Einzelarbeit. Auch hier ist die Ausdauer von Besitzer und Kursleiter gefragt. Der Besitzer geht so lange mit gezielten Richtungswechseln über den Platz, bis der Hund wenigstens ein paar Mal die Aufmerksamkeit auf seinen Besitzer richtet, was meistens bei den Wendungen der Fall ist. Deshalb ist es nicht sehr sinnvoll, lange Wegstrecken geradeaus zu gehen, weil der Hund schon wieder Zeit hat, sich abzulenken. Diese Einzelarbeit kann pro Hund mehrere Minuten in Anspruch nehmen. Erst wenn ein Hund längere Zeit aufmerksam sein kann, darf die Ablenkung durch einen anderen Hund oder Ablenkungsgegenstände ins Spiel gebracht werden.

Entscheidend ist der stufenweise Aufbau der Übungen in richtiger Dosierung! Um die Aufmerksamkeit dem Besitzer gegenüber zu fördern, werden danach Übungen zum Herkommen durchgeführt, wieder im Abstand zu den anderen Hunden und kontrolliert durch die lange Feldleine.

Am Ende der Übungsstunde lässt man die Hunde in einer Platzübung wieder zur Ruhe kommen. Wenig Programm für eine Kursstunde? Das scheint nur so! Zu Beginn eines Kurses ist dieses Programm mehr als genug. Natürlich werden die Schwierigkeiten nach und nach dosiert gesteigert, hier ist der Kursleiter mit all seiner Erfahrung und Kompetenz gefragt.

■ Die Aktivitäten des Hundes lösen beim Besitzer keine Reaktion aus. Er ignoriert den Hund: Blick abwenden, Körper wegdrehen, aufrecht stehen, nicht mit dem Hund sprechen, nicht bedrohen.

TIPP Gezielte Richtungswechsel sind gar nicht so einfach. Als Wendepunkte können Markierungsstangen oder Baustellen-Hütchen aufgestellt werden oder vorhandene Bäume einbezogen werden.

✐Und daheim ? – Hausaufgaben

Jeder Hundebesitzer muss seinen Hund kennen und bekommt deshalb folgende Beobachtungsaufgaben für zu Hause:
- Wie groß ist das Bewegungsbedürfnis des Hundes?
- Womit beschäftigt er sich gerne?

35

Klirrende Armreifen oder flatternde Jackenzipfel beeinträchtigen die Konzentration genauso wie eine lange vor dem Hund baumelnde Leine und klappernde Steuermarken am Hundehalsband.

- Bei welchen Aufgaben zeigt er Ausdauer?
- Für welche Übungen ist er überhaupt nicht zu haben?
- Womit lässt er sich gut motivieren?
- Wird er aufmerksam bei Leckerchen, einem Spielzeug, der Stimme oder bestimmten Geräuschen?
- Was erschreckt oder verunsichert ihn?
- Orientiert er sich eher mit den Augen oder seiner Nase?
- Verfolgt er Spuren? Wodurch lässt er sich ablenken?

Je besser ein Hundebesitzer seinen Hund kennt, desto einfacher ist es für ihn, den Hund in bestimmten Situationen richtig einzuschätzen und vorausschauend zu handeln.

Integrationschancen

Leichtere Fälle von hektischen und unkonzentrierten Hunden haben gute Chancen, in den Kurs integriert zu werden, wenn man

Das richtige Timing ist entscheidend: Gelobt wird genau dann, wenn der Hund sich aufmerksam seinem Besitzer zuwendet.

Gruppengröße und Aufgabenstellung entsprechend darauf abstimmt. Außerdem muss der Hundebesitzer zuvor im Einzelunterricht gelernt haben, worauf er beim Üben zu achten hat und wie er ruhig auf seinen Hund einwirken kann. Dann ist er in der Lage, selbstständig mitzudenken und zu entscheiden, welche Übungen er mit seinem Hund mitmachen kann und welche nicht.

Bei schwereren Fällen macht der Versuch einer Eingliederung in eine Kursgruppe wenig Sinn. Weder der Hundebesitzer, noch der Hund, genauso wenig aber auch die anderen Teilnehmer der Gruppe hätten einen Gewinn daraus. Hier ist zunächst ein Einzeltraining anzuraten.

Im Alltag außerhalb der Kursstunden ist zu beachten:
- Sinnvolle und durchführbare Beschäftigung finden
- Rangordnung überprüfen – aufmerksamkeitsforderndes Verhalten nicht beachten
- Ruhiges Verhalten dem Hund gegenüber einüben (Stimme, Kommandos usw.)
- Ruhige Gehorsamsübungen, wie im Kurs auch im Alltag durchführen, zunächst ohne Ablenkung.

Korrekturen

Fehler	Korrektur
Hochspringen	Ignorieren, sich vom Hund wegdrehen, nicht auf den Hund einreden
In die Leine beißen	Ignorieren, sich wegdrehen, Leine kurz halten, keine Zerrspielchen, ruhig gegenhalten
Blitzstarts	Darauf gefasst sein, Abstand zu den anderen halten, Leine nie aus der Hand lassen, immer gut festhalten, evtl. mit Handschuhen arbeiten
An der Leine ziehen	Blickkontakt herstellen, evtl. mit Halti arbeiten
Unkonzentriertes Herumschauen	Blickkontakt belohnen, geeignete Motivation und Belohnung herausfinden, kürzere Übungseinheiten ohne Langeweile
Unerwünschtes Lautgeben, Fiepen, Winseln	Keine zu lange Wartezeiten, in der Wartezeit beschäftigen, erst dann eine Übung beginnen, wenn der Hund aufgehört hat zu winseln (nicht fürs Fiepen belohnen)

„Der beste
Lehrmeister ist der
Erfolg, der
schlechteste die
Angst."
(Sprichwort)

Der ängstliche, unsichere Hund

Erschrocken und ausweichend

Ängstliche Hunde werden häufig bedauert, getröstet und bemitleidet, ob vom Besitzer oder von den anderen Kursteilnehmern. Der Rat: „Lassen Sie den Hund einfach in Ruhe, beachten Sie seine Angst nicht und gehen Sie nicht darauf ein!" klingt für viele hart und gefühllos. Meist ist dies aber genau die richtige Strategie!

Beschreibung

Auf dem Parkplatz vor dem Übungsgelände möchte Hund nicht aus dem Auto aussteigen. Die Begegnung mit den anderen Hunden der Gruppe verunsichert ihn etwas, er geht ihnen aus dem Weg oder sucht nicht von sich aus Kontakt mit ihnen. Bim Betreten des Platzes macht er einen freudlosen Eindruck. Während der Stunde zieht Hund immer mal wieder in Richtung Ausgang und Auto. Hund würde lieber den Platz verlassen. Bei einer Fußgeh-Übung wechselt Hund plötzlich an die andere Seite seines Besitzers, um einem anderen Team auszuweichen.

Rechte Seite:
Ängstlich – oder nicht?

Optische Reizquellen sind Hund nicht geheuer. Er traut sich erst mal nicht heran, schreckt zurück, bellt und stellt das Nackenfell vom Kopf bis zur Rute. Bei plötzlichen oder ungewohnten Geräuschen schreckt Hund zusammen oder verfällt in Angststarre, oft auch erst einige Zeit nach dem Geräusch. In manchen Situationen, zum Beispiel beim Begehen einer Treppe, beim Durchgehen durch eine Türe oder bei Übungen, bei denen die Gruppe ganz eng zusammensteht, bleibt Hund ruckartig stehen, stemmt sich mit allen vier Pfoten in den Boden und möchte überhaupt nicht mehr weiter gehen. Wenn fremde Personen auf ihn zugehen oder ihn streicheln wollen, duckt Hund sich und weicht zur Seite aus. Wenn sich sein Besitzer über ihn beugt, wirft Hund sich auf den Rücken, klemmt die Rute und manchmal läuft seine Blase dann über. Beim Herkommen springt Hund nicht freudig auf seinen Besitzer zu, sondern kommt mit angelegten Ohren herbei, die Rute zwischen den Hinterbeinen.

Der ängstliche
Hund: Leicht geduckte
Körperhaltung, Glied-
maßen eingeknickt, Ru-
te hängt oder wird ein-
geklemmt, Ohren nach
unten-hinten gelegt,
abgewandter Blick.

Wenn Hund am Besitzer hochspringt oder ausgiebig am Boden schnüffelt, hat das mit Freude oder Arbeitseifer nichts zu tun. Wenn Hund sich an den Pfoten leckt oder sich ausgiebig am Hals kratzt, steht das hier nicht in Zusammenhang mit der Körperpflege, all dies sind Übersprungshandlungen. Damit versucht Hund, ungewohnte oder ihn ängstigende Situationen zu überspielen oder nicht wahr zu nehmen ...

Erkennen Sie Kurshunde hier wieder? Meist zeigt ein Hund nicht alle der oben beschriebenen Verhaltensweisen. Bei vielen beschränkt sich die Unsicherheit und Ängstlichkeit auf bestimmte Bereiche, andere machen ihnen nichts oder wenig aus. Es gibt Hunde, die im optischen oder akustischen Bereich unsicher und schreckhaft sind, sonst verhalten sie sich ganz normal und haben keine Angst mit anderen Menschen und Hunden. Anderen wieder machen weder Donner-grollen, Schussgeräusche, flatternde Straßenabsperrungen oder der Mähdrescher Angst, sie verhalten sich jedoch äußerst unsicher, wenn sie auf fremde Hunde oder bestimmte Menschen treffen.

Fehlinterpretationen

Unsicherheit und Angst ist nicht
- wenn der Hund Raufereien aus dem Weg geht. Dann ist er vielleicht sogar sehr intelligent und souverän, und kann die Situation, seine eigenen Fähigkeiten und Grenzen einschätzen.
- wenn ein Hund nicht gleich begeistert und schwungvoll unbekannten und wackligen Untergrund betritt. Eine natürliche Vorsicht schützt den Hund vor Gefahren.
- wenn sich ein Hund unbekannten optischen Signalen vorsichtig nähert. Zuviel Draufgängertum birgt Gefahren in sich.

Was kann die Ursache sein?

Ängstliches Verhalten kann viele verschiedene Ursachen haben, allerdings ist es oft schwierig, diese herauszufinden.

Organische Ursachen

Beispiele: Wachstumsschmerzen, Sehstörungen, hormonelle Störungen, Zyklusschwankungen bei der Hündin, Schmerzprobleme, Ohrentzündungen, zentralnervöse Störungen.

An eine organische Ursache sollte gedacht werden, wenn
- die Ängstlichkeit plötzlich auftritt und der Hund früher normales Verhalten gezeigt hat.
- der Hund auf bestimmte Berührungen ängstlich und abwehrend reagiert.
- die Ängstlichkeit unregelmäßig auftritt und keinem Auslöser zugeordnet werden kann.
- der Hund bekanntermaßen unter schmerzhaften Erkrankungen leidet.

Ungenügende Sozialisation

Wenn ein Hund unter schlechten Aufzuchtbedingungen aufgewachsen ist oder in der Jugendzeit keine Möglichkeit hatte, sich mit anderen Hunden, Personen, Umweltreizen vertraut zu machen, wird er häufig mit Unsicherheit, Vorsicht und Misstrauen seiner Umwelt begegnen. Werden kleine Hunde beim Zusammentreffen mit Artgenossen stets überbehütet und vom Besitzer auf den Arm genommen, haben sie keine Chance ein passendes Sozialverhalten zu trainieren.

Traumatische Erlebnisse

Beispiele für traumatische Erlebnisse können Unfälle, Beißereien, schlechte Erfahrungen mit bestimmten Menschentypen oder anderen Hunden sein. Ein Hund kann auch nachhaltig beeindruckt und bleibend geschädigt sein durch falsche Ausbildung, unangemessene Strafen, Misshandlungen oder ungeeignete Erziehungsmethoden.

Schlechte Erfahrungen an Silvester durch Raketen, Böller oder Knaller verursachen häufig Schussscheue oder Schreckhaftigkeit bei entsprechenden Geräuschen. Wenn ein Besitzer seinen Hund nach einem traumatischen Erlebnis zu sehr bedauert und ihn so in seiner Angst bestätigt, festigt sich das Verhalten im Hund. Er

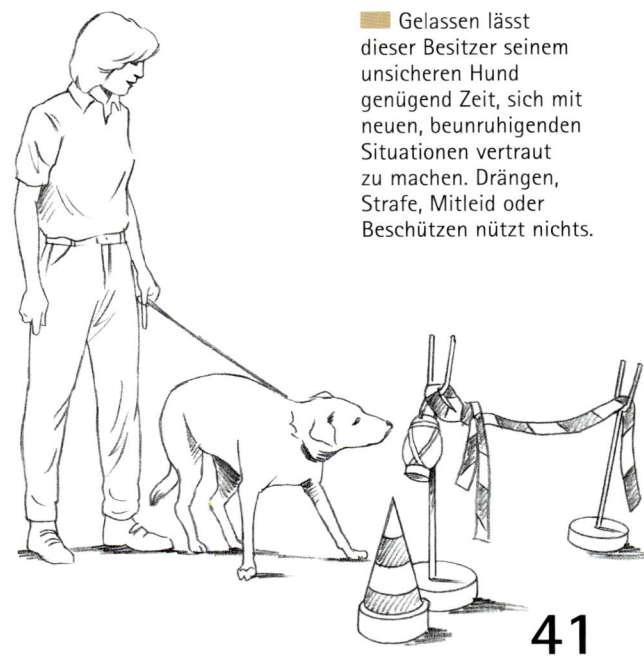

Gelassen lässt dieser Besitzer seinem unsicheren Hund genügend Zeit, sich mit neuen, beunruhigenden Situationen vertraut zu machen. Drängen, Strafe, Mitleid oder Beschützen nützt nichts.

41

kultiviert seine Angst bis zu Vollkommenheit, entwickelt die Angst vor der Angst und findet nur schwer zu einem normalen Verhalten zurück.

Rassedisposition und genetische Veranlagung

TIPP
Sorgen Sie für freie Sicht: Binden Sie die Haare Ihres Bobtails oder Yorkshire-Terriers über der Stirn zusammen.

Dafür einige Beispiele:

Manche Hunde sind schon von ihrer genetischen Disposition geräuschempfindlich. Hierzu gehören unter Anderem die Collie-Arten. Vielen Hunden hängen lange Haare so über die Augen, dass sie durch diesen „Vorhang" nur ein eingeschränktes Sehvermögen haben und viele optische Reize nicht klar erkennen können. Was man nicht klar erkennen kann, ängstigt zunächst einmal.

Sicher gibt es auch genetisch festgelegte Anlagen für in der Grundstruktur ängstliche Hunde. Diese Hunde können niemals, auch nicht durch beste Förderung, zum todesmutigen Helden werden.

Die Arbeit mit ängstlichen, unsicheren Hunden

Auch einem ängstlichen Hund kann ein Hundekurs Spaß machen, wenn die äußeren Bedingungen so gestaltet werden, dass er ohne Stress lernen kann.

Kursgestaltung

Da ein Hund selten vor allem und jedem Angst hat, ist es in vielen Fällen durchaus möglich, ihn in einen normalen Kurs zu integrieren, wenn man auf seine Veranlagung Rücksicht nimmt. Die angsteinflößenden Reize müssen bekannt sein und in der Stärke dosiert angeboten werden können. Finden die Übungsstunden außerhalb des vertrauten Übungsplatzes statt, sei es im Gelände oder in der Stadt, muss dieser Punkt besonders berücksichtigt werden.

Manche Hunde können über gezielt eingesetzte Aktionen ihre Angst vergessen. Reagiert ein Hund ängstlich und unsicher auf Menschen, macht aber gerne Agility oder Gerätearbeit, so kann diese Vorliebe genutzt werden. Die Gerätearbeit beschäftigt ihn dermaßen, dass er die am Rande vorkommenden Menschen gar nicht mehr so wichtig nimmt.

Der Besitzer muss mit seinem ängstlichen Hund die Möglichkeit haben, beängstigenden Dingen auszuweichen und den Abstand dazu einzuhalten, der dem Hund noch zugemutet werden kann. Deshalb sind kleine Gruppen oder ein größeres, strukturiertes Übungsgelände besser geeignet.

Ebenfalls ungünstig ist die Kombination von ängstlichen und aggressiven Hunden in einer Kursgruppe oder die Anwesenheit von allzu forsch auftretenden Teilnehmern. Laute Kommandos, drastische Körperbewegungen oder bellende und knurrende Hunde könnten einen ängstlichen Hund noch mehr verunsichern.

> **TIPP**
> Ein Hund in massiver Angst ist häufig so blockiert und mit seiner Angst beschäftigt, dass er nichts Neues aufnehmen und behalten kann.

Wichtig ist, die Teilnehmer der Übungsgruppe auf die Besonderheiten des ängstlichen Hundes hinzuweisen. Im Umgang mit ihm müssen Verhaltensmaßregeln eingehalten werden, die der Kursleiter aufstellt. So darf ein Hund mit Angst vor Menschen nicht angefasst oder bedrängt werden.

Methodik

Zunächst sollten Kursleiter und Besitzer bei einem Einzeltermin die Besonderheiten des Hundes durchsprechen, Ursachen feststellen und grundsätzliche Strategien für den Umgang mit dem Hund entwickeln. Folgende Fragen sollten besprochen werden:

- In welcher Situation könnte der Hund ängstlich reagieren und wie verhält er sich dann?

Anzeichen für beginnende Ängstlichkeit sind Ausweichen, Hecheln, Zittern und zögernde Bewegungen. Deutliche Angstzeichen sind Erstarren, Davonrennen, fehlende Ansprechbarkeit.

- Wie kann der Besitzer den Hund so auf sich konzentrieren, dass die Angst einflößenden Dinge Nebensache werden? Leckerchen oder Spielzeug helfen dabei.

Der Besitzer muss sich seinem Hund gegenüber ruhig und selbstbewusst verhalten, ohne zu viel Druck auszuüben. Ängstliches Verhalten des Hundes wird nach Möglichkeit ignoriert, auf keinen Fall aber bestraft oder durch Bemitleiden und Trösten verstärkt. Das Lernen sollte über positive Verstärkung erfolgen, damit

So wird Lernen erst möglich: Abstand zur Gruppe, geschickter Einsatz von Stimme, Körpersprache, Leckerchen oder Ablenkungsspielzeug – so nimmt der Hund verstärkt seinen Besitzer wahr, die angsteinflößenden Reize geraten in den Hintergrund.

43

Für die anderen Teams gilt:

- Abstand zum ängstlichen Hund halten
- Nicht bedrängen, nicht anfassen
- Keine unruhigen, schnellen Bewegungen in seine Richtung machen
- Stimme nicht laut werden lassen

die Beziehung und das Vertrauen zum Besitzer gefestigt wird.

Ist der Hund allgemein ängstlich veranlagt und unsicher, so ist es eine gute Möglichkeit, ihn langsam an das Kursgeschehen zu gewöhnen. Der Besitzer übt dann mit seinem Hund gleichzeitig zum Hundekurs, aber mit etwas räumlichem Abstand dazu. Er führt überwiegend die Übungen aus, bei denen der Hund sich auf den Besitzer konzentrieren muss und nähert sich dabei immer wieder mal der Gruppe, ohne direkt in oder mit der Gruppe zu üben. Erst wenn der Hund diese kurzen Abstecher zur Gruppe ohne Anzeichen von Angst mitmacht, kann sich das Team bei passenden Aufgaben in die Gruppe einordnen. Der Besitzer muss seinen Hund dabei genau beobachten und die Gruppenarbeit beenden, ehe der Hund wieder deutliche Anzeichen von Angst zeigt. Dies kann bei Trainingsbeginn schon nach einer Übung der Fall sein.

Reagiert der Hund unsicher bei optischen und akustischen Reizen, so können auch auf dem Übungsplatz eine Menge Dinge Angst verursachen: Geräusche, Gegenstände wie klappernde Türen, Absperrbänder am Parkplatz oder der Traktor auf dem Acker nebenan. Die Angst vor diesen Dingen sollte in gesonderten Übungseinheiten abgebaut werden. Der Besitzer könnte seinen Hund außerhalb des Übungsbetriebs in Ruhe und schrittweise an die Furcht einflößenden Reize gewöhnen. Wenn ein Hund gerne mit anderen zusammen ist, hilft es manchmal, einen befreundeten furchtlosen Hund mitzunehmen. Verhält sich dieser unbefangen und unbeeindruckt, kann er ein gutes Vorbild für den ängstlichen Hund sein.

Verhält sich der Hund ängstlich gegen Menschen oder andere Hunde, kann er viele Übungen mitmachen, jedoch in einem ihm angemessenen Abstand. Mitmachen kann er bei Übungen, die einzeln und mit etwas Abstand zur Gruppe durchgeführt werden, bei ruhig verlaufenden Übungen und Konzentrationsaufgaben. Zunächst nicht möglich sind Gruppenübungen, bei denen Hunde und Menschen dicht aneinander vorbeigehen müssen, direkt aufeinander zukommen oder dicht nebeneinander verharren müssen. Die anderen Teams sollten den ängstlichen Hund möglichst nicht beachten. Anfassen und Tätscheln mit „Vor mir brauchst du doch keine Angst zu haben!" sind tabu!

Freie Sicht für ganze Kerle!

Korrekturen

Grundsätzlich gibt es mehrere Möglichkeiten, mit einem ängstlichen Hund zu trainieren. Zunächst kann dies nur im Einzeltraining und nicht innerhalb eines Kurses durchgeführt werden. Wenn jedoch im Einzeltraining entsprechende Vorarbeit geleistet wurde und der Hund einen einigermaßen gefestigten Zustand erreicht hat, kann man manchmal mit diesen Methoden im Kurs weiterarbeiten.

Es kann eine positive Verknüpfung zum Angstobjekt hergestellt werden. Jedesmal, wenn der Hund auf das Objekt seiner Angst trifft, bekommt er ein Leckerchen oder eines seiner Lieblingsspielzeuge, und zwar ehe er Anzeichen von Angst zeigt. Anfangs übt man in großer Entfernung, die positive Wirkung der Belohnung überwiegt die Angst. Dann führt man den Hund in weiteren Trainingseinheiten immer näher heran.

Die zweite Möglichkeit ist, ein Alternativverhalten einzuüben. Dazu bringt man dem Hund in ruhiger und stressfreier Umgebung eine Alternativhandlung bei, die er gerne ausführt und die im Alltag auch einsetzbar ist. Dies bedeutet: Dem Hund wird eine neue Tätigkeit beigebracht, die er nicht gleichzeitig mit der alten, unerwünschten Handlung ausführen kann. Wenn der Hund sich bewegt, kann er nicht gleichzeitig in Panik erstarren. Wenn er etwas im Maul trägt, kann er nicht gleichzeitig bellen.

Freudige Bewegung baut Stress ab – dieser Hund hat seine Angst vergessen.

45

Beispiel: Der Hund hat Angst vor Kühen und verbellt sie. Als Alternativhandlung bringt man ihm bei, einen Handschuh im Maul zu tragen. Führt der Hund diese Handlung gerne aus und ist sie im Hund fest etabliert, kann man beginnen, beim Anblick von weit entfernten Kühen auf der Weide den Hund diesen Gegenstand tragen zu lassen und ihn dafür zu belohnen. Im Lauf der Zeit kann man sich immer weiter annähern. Eine weitere Lösungsvariante ist die systematische Desensibilisierung, bei der der Hund langsam an das Objekt seiner Angst gewöhnt wird, indem er in kleinen Dosierungen damit konfrontiert wird. Häufig lässt sich mit dieser Methode Schreckhaftigkeit und Angst vor Geräuschen mildern.

✐Und daheim? – Hausaufgaben

Bei dieser Problematik lassen sich im Kurs nur wenige Situationen so nachstellen, dass ein Lernfortschritt möglich ist. Das Haupttraining muss im Alltag erfolgen. Geduld und Ausdauer des Besitzers über einen längeren Zeitraum sind die Grundvoraussetzung für einen Lernerfolg beim Hund. Zeigt der Hund Angst vor seinem Besitzer, muss unter fachkundiger Anleitung daran gearbeitet werden, die Beziehung zu verbessern. Waren die harte Stimme oder falsch verknüpfte Kommandos der Grund dafür, dass der Hund ängstlich reagiert, müssen andere Erziehungsmittel oder Clickertraining eingesetzt werden, um zum Hund eine neue Beziehung aufzubauen.

▨ Kühe sind Ungeheuer – besser nicht hinschauen! Socken tragen ist besser als bellen ...

Der Besitzer
- muss herausfinden, in welchen Situationen und in welchen Kombinationen von Situationen der Hund ängstlich reagiert
- darf ängstliches Verhalten nicht mehr belohnen
- muss lernen, ruhig auf den Hund einzuwirken
- sollte lernen, dem Hund durch eigene Körpersprache Sicherheit zu vermitteln

> **TIPP**
> Eigene Körpersprache und -haltung durch zweite Person oder im Spiegel überprüfen!

Integrationschancen

Ob ein Hundekurs für einen ängstlichen Hund hilfreich ist, hängt von den verschiedenen Ausprägungen der Angst ab. Manchmal tritt das Angstproblem in einer Kurssituation gar nicht auf und kann hier auch nur schwer nachgestellt werden wie bei Angst vor Gewittern, Müllautos oder Kühen. In solchen Fällen wird natürlich in Einzelarbeit in der jeweiligen Situation trainiert. Ein solcher Hund kann selbstverständlich am Kurs teilnehmen.

Eine Integration ist möglich und Erfolg versprechend, wenn man den Hund in der Angstsituation noch ansprechen und motivieren kann. Die angsteinflößenden Reize müssen bekannt sein und sie müssen kontrolliert werden können.

Es kann vorkommen, dass ein Hund die Übungsstunde noch meistert, danach aber mit körperlichen Symptomen wie Durchfall oder Erbrechen zeigt, dass die Belastung für ihn zu groß war. In diesem Fall hilft es manchmal, die Übungssequenzen noch kürzer zu halten, dem Hund noch mehr Pausen zu gönnen oder die Konfrontation mit den Angst auslösenden Reizen noch langsamer zu steigern.

> **TIPP**
> Körperliche Reaktionen können mit Verzögerung auftreten.

Schwierig ist es, wenn der Hund ein ganzes Bündel von Ängsten mit sich herumträgt. Wenn es kaum eine Situation gibt, in der sich der Hund nicht ängstigt, wird er nichts lernen können. Wenn er aggressiv wird, Panik bekommt oder in Angststarre verfällt, ist er nicht mehr kontrollierbar. Können dann die äußeren Reize nicht mehr beeinflusst werden, ist das Risiko zu hoch, dass er weitere negative Erfahrungen macht. In solchen Fällen ist zunächst ein Einzeltraining anzuraten, später kann ein Einstieg in eine Kleingruppe gewagt werden.

47

Der passive, schlecht motivierbare Hund

Stur, lustlos und so langsam

Lässt sich ein Hund nur schwer für eine Aufgabe begeistern oder führt sie nur langsam oder lustlos aus, wird dies häufig vom Besitzer, Kursleiter oder den anderen Teilnehmern nicht als großes Problem wahrgenommen. Es belustigt zunächst eher, wenn der Hund nur im Zeitlupentempo herkommt, oder demonstrativ den Kopf weg dreht, wenn ihn sein Besitzer mit einem Streichler belohnen möchte. Gerne werden auch Ausreden gefunden, warum der Hund gerade heute so langsam und ohne Begeisterung arbeitet.

Nach einer Lösung wird erst dann gesucht, wenn dieses Verhalten dem Besitzer Nachteile bringt, wenn der eigene Hund bei der Gruppenarbeit immer der langsamste ist, bei Prüfungen durchfällt oder schlechte Benotungen durch mangelnde Arbeitsfreude erhält. Ab und zu kommen Besitzer mit diesem Problem direkt zum Kursleiter. Sie haben das Gefühl, ihr Hund könnte mehr leisten und freudiger arbeiten. In anderen Situationen, vielleicht mit einem anderen Familienmitglied, tut er das wohl auch.

Beschreibung

Hund kneift die Augen zu und legt die Pfoten über die Augen. Innerlich stöhnt Hund: Schon wieder in diesen Kurs! Arbeiten??? Nicht mit mir! Also bleibt Hund erst mal im Auto liegen und wartet ab, was kommt. Die anderen Hunde springen fröhlich aus dem Auto, Hund schaut ihnen nach. Auf den Übungsplatz trottet Hund mit hängenden Ohren. Auf aufmunternde Kommandos seines Besitzers reagiert er nicht. Im Gegenteil, Hund wendet sich ab und zeigt deutlich, was er von der ganzen Sache hält – nämlich gar nichts. Während der Übungsstunde ist Hund langsam, zum Teil verweigert er die Mitarbeit. Beim Fußgehen hängt er einen Meter hinter seinem Besitzer her. Herkommen führt Hund im Zeitlupentempo aus und beim Apportieren bringt Hund das Apportel ganz gemächlich an, bleibt unterwegs stehen und hebt vielleicht an einem Busch das Bein.

48

Arbeiten?
Lernen? Hundekurs?
– immer schön
langsam!

Wer braucht hier mehr Aufmunterung: Besitzer oder Hund? Mit guten Ideen lassen sich beide motivieren ...

Am Ende der Stunde ist nur einer müde: Sein Besitzer, der sich die ganze Zeit über mit motivierenden Spielchen abgemüht hat und bei seinem Hund dafür nur ein müdes Augenzwinkern geerntet hat.

Erkennen Sie hier Ihre Kurshunde wieder? So wie hier beschrieben wird es in Wirklichkeit nicht immer sein, die eine oder andere Verhaltensweise wird Ihnen jedoch bekannt vorkommen. Nicht ganz einfach ist die Unterscheidung, ob ein Hund lustlos und müde oder einfach nur stur und dickköpfig ist. Sein Verhalten ist ganz ähnlich, Ursachen und Abhilfe jedoch unterscheiden sich.

Fehlinterpretationen

Passiv und schlecht motiverbar ist nicht, wenn
- Leonberger beim Wettrennen gegen einen Windhund verliert.
- ein Labrador beim Agility-Training mehr Schwierigkeiten mit seiner Körperbeherrschung als ein Terrier hat.
- sich ein Bernhardiner in einer Apportiergruppe schwer tut, denn dies ist nicht die Beschäftigung, die ihn begeistert.

Was kann die Ursache sein?

Die Gründe für dieses Verhalten herauszufinden, ist oft schon die halbe Lösung des Problems.

■ Ein Apportierkurs ist nichts für Bernhardiner. Seine Qualitäten liegen auf anderen Gebieten.

Organische Ursachen

Bei Schmerzen, Herz-Kreislauferkrankungen, Schilddrüsenerkrankungen, Übelkeit, Infektionskrankheiten oder Hitzeempfindlichkeit wirkt der Hund oft müde und lustlos.

Wenn Hunde das Autofahren nicht vertragen, wird es ihnen auch auf der Fahrt zum Übungsplatz übel. Sie sind zu Beginn der Kursstunde einfach noch erschöpft und erholen sich erst langsam zum Ende der Stunde. Manche Hunde verknüpfen ihr schlechtes Befinden mit dem Übungsplatz und verweigern deshalb die Mitarbeit.
An eine organische Ursache sollte gedacht werden, wenn:
- dem Hund bestimmte Bewegungsabläufe schwer fallen.
- das Gesamtverhalten des Hundes plötzlich verändert ist.
- der Hund früher freudig gearbeitet hat und gut zu motivieren war.
- Herz-Kreislauferkrankungen oder schmerzhafte Erkrankungen bekannt sind.

Rassedisposition

Die Vielfalt der Hunderassen beinhaltet auch Unterschiede in der charakterlichen Veranlagung. Ein Hund einer bestimmten Rasse wird nicht nur wegen der Größe oder des Aussehens gewählt, sondern oft auch wegen seines Temperaments. Ein Irish Setter wird selten so

51

Schafe wären ihm lieber. Ihn für den Hundeplatz zu begeistern erfordert Überredungskunst.

gelassen und ruhig sein wie ein Neufundländer. Wer einen Hund gewählt hat, der sich in der Wohnung ruhig verhält, darf auch beim Training keine Rakete erwarten.

Bei Herdenschutzhunden oder nordischen Hunderassen ist die Fähigkeit zur Zusammenarbeit mit dem Besitzer nicht sehr ausgeprägt. Bei ihnen muss sich der Besitzer schon sehr anstrengen, um sie zu motivieren. Auch ein Windhund oder ein Podenco lässt sich mit den üblichen Methoden nicht immer begeistern.

Motivationsfehler

Nicht alles, was der Mensch gut findet, findet auch den Gefallen des Hundes. Eine ungeeignete Motivation läuft ins Leere; ein Hund, der keine Leckerchen mag, lässt sich damit auch nicht motivieren. Ein Hund, dem es unangenehm ist, gestreichelt zu werden, wird sich der Umarmung entziehen und sich dadurch nicht motivieren lassen. Es ist die Aufgabe des Besitzers, herauszufinden, worauf sein Hund am besten anspricht.

Zu wenig Abwechslung im Hundetraining ist langweilig – Mensch und Hund kennen alles bis zum Überdruss. Vor allem kurz vor Prüfungen wird oft ein stereotyper Bewegungsablauf gepaukt. Wenn der Hund jeden Schritt schon vorher kennt, kann man vor allem von intelligenten Hunden nicht mehr erwarten, dass sie begeistert neben ihren Menschen herlaufen. Ungeschickte, langsame Besitzer machen es dem Hund auch nicht leichter! Das Problem liegt oft im richtigen Timing. Zeigt ein langsamer Hund endlich einmal Begeisterung und eine gute Reaktion, muss der Besitzer sofort positiv darauf reagieren. Nimmt er es nicht oder zu spät wahr, ist die Chance, den Hund dafür zu bestätigen, vertan. Nur wenn die Bestätigung unmittelbar nach dem gezeigten Verhalten erfolgt, kann der Hund sie damit in Verbindung bringen.

Nicht zuletzt muss sich auch der Besitzer hinterfragen lassen: Wenn ihm eine bestimmte Übung keinen Spaß macht oder er keinen Sinn darin sieht, weil er sie angeblich nicht für seinen Alltag braucht, braucht man sich nicht wundern, wenn auch der Hund diese Übung nicht begeistert mitmacht.

TIPP
Unmittelbar heißt: Zwischen gezeigtem Verhalten und der positiven Reaktion des Besitzers darf höchstens 1 Sekunde liegen!

Überforderung

TIPP Aktuelle Literatur zum Motivationstraining lesen und Sinnvolles auswählen.

Ungeeignete Lernmethoden, besonders zu viel Druck, hemmen die Aktivitäten des Hundes und verunsichern ihn. Auf zuviel Druck reagieren Hunde oft mit sturem Verhalten. Der Hund hat vielleicht überhaupt noch nicht verstanden, was und wie er etwas tun soll. Er macht Fehler, für die er nur getadelt wird – und macht dann lieber überhaupt nichts mehr. Bei zu intensivem Üben, häufig in Prüfungs- oder in Fortgeschrittenenkursen, verweigern viele Hunde die Mitarbeit, weil der Erwartungsdruck zu hoch ist. Ein Hund spürt genau, ob sein Besitzer gelassen und entspannt ist oder sich vielleicht selbst ehrgeizig unter Druck setzt. Auf sensible Hunde überträgt sich diese Anspannung besonders.

Zu lange Übungssequenzen überfordern körperlich und geistig selbst ausdauernde und gesunde Hunde. Irgendwann ist bei jedem Hund das Auffassungsvermögen erschöpft, nicht anders als bei uns Menschen auch. Kursleiter und Hundebesitzer müssen beim Üben merken, wann einfach genug ist.

■ Die Einstellung des Besitzers ist oft entscheidend. Sowohl Desinteresse als auch Begeisterung übertragen sich auf den Hund.

53

Rangordnung

Die passive Verweigerung kann auch in Zusammenhang mit einer ungeklärten Rangordnung stehen. Lebt der Hund in der Annahme, er sei in der Rangordnung höher als sein Mensch, so wird er Anweisungen von diesem nur dann befolgen, wenn er gerade nichts Besseres zu tun hat oder wenn er selbst Lust darauf hat. Je nach Veranlagung und Charakter kann ein Hund nicht nur mit Aggression auf die mehr oder weniger intensiven Anweisungen seines Besitzers reagieren, sondern auch mit Verweigerung und Missachtung. Diese Hunde ignorieren ihren Besitzer und nehmen ihn nicht Ernst. Nach außen hin wirken sie einfach lahm, in ihrem Innern jedoch sind sie sehr von sich überzeugt.

■ Die Pinkelpause oder der Abstecher zum Mauseloch beim Heranrufen sind typisch für in der Rangordnung oben stehende Hunde.

Die Arbeit mit passiven, schlecht motivierbaren Hunden

Schlecht motivierbare Hunde sind eine Herausforderung für den Ausbilder, denn sie verlangen seine ganze Fantasie und Kreativität bei der Zusammenstellung von geeigneten Übungen.

Kursgestaltung

Damit die Arbeit mit diesen Hunden erfolgreich ist, müssen Kursziel und Trainingsmethode mit dem betreffenden Hund, seinen Fähigkeiten und Möglichkeiten übereinstimmen.

Kurze Übungseinheiten, wechselndes Übungsgelände und abwechslungsreiche Übungen lassen weniger Langeweile aufkommen. So können die erforderlichen Übungen einmal auf dem Übungsplatz, ein anderes Mal aber im Gelände stattfinden. Es macht den meisten Hunden viel mehr Spaß, den Besitzer zu suchen, der sich hinter Büschen versteckt hat und zu ihm herzukommen, als auf einem Übungsplatz 30 Schritte von ihm entfernt zu sitzen und dann

Abwechslung durch Training im Gelände.

„freudig" zu ihm hinzurennen. Dies bedeutet aber für den Kursleiter, dass er die Übungsstunde besonders gut vorplanen muss.

Lassen sich die Bedürfnisse von passiven, schlecht motivierbaren Hunden in einem großen Kurs mit unterschiedlichen Teilnehmern schlecht erfüllen, so ist es besser, diese Hunde in geeignetere Kurse einzugliedern oder eine gesonderte Kleingruppe zu bilden. Besonders die Kombination von hektischen, unruhigen Hunden mit schlecht motivierbaren Hunden ist sehr unglücklich, denn sie verlangen völlig gegensätzliche Vorgehensweisen. Der Besitzer eines passiven Hundes hat vielleicht mit Ballspielen endlich eine Möglichkeit gefunden, seinen Hund am Ende einer erfolgreichen Übung zu belohnen und freut sich, wenn sein Hund begeistert darauf reagiert. Der Besitzer eines hektischen Hundes freut sich aber überhaupt nicht, wenn es ihm endlich gelungen ist, seinen Hund ruhig ins Platz zu legen und dieser dann voll Freude ebenfalls am Ballspiel teilnehmen möchte.

Für den Besitzer gilt:

- Er darf durch seine Motivationsspiele die anderen nicht stören.
- Er muss merken, wenn die Übungseinheit zu lang ist und abbrechen, solange der Hund noch mitmacht.
- Er sollte dabei auf die anderen Kursteilnehmer Rücksicht nehmen.

Methodik beim passiven, schlecht motivierbaren Hund

Motivation ist eine Grundstimmung und Grundbereitschaft, aus der heraus der Hund eine bestimmte Handlung ausführt. Diese Bereitschaft kann zum einen aus dem Hund selbst kommen: Er will

55

sich hinlegen, weil er müde ist oder er will zur Futterschüssel gelangen, weil er hungrig ist. Außer dieser inneren Motivation gibt es die äußere, bei der der Mensch den Hund davon zu überzeugen versucht, etwas gerne zu tun. Bei der äußeren Motivation ist immer ein passender Verstärker notwendig, um dem Hund einen Anreiz dafür zu geben, dass er diese Handlung immer wieder gerne ausführt.

Beim Training sind Übungen zu bevorzugen, die dem Hund Spaß machen und für die er sich besonders gut eignet. Es sollten überwiegend positive Lernmethoden eingesetzt werden. Manche Hunde gehen nur ungern Fuß, weil ein Leinenruck beim Losgehen zum Fuß immer noch gängige Praxis ist. Einige Hunde lassen sich davon schnell verunsichern. Warum sollte ein Hund auch freudig mitgehen, wenn es ihm zuvor dabei jedesmal erst weh tut? Bei Überdruss, Prüfungsdruck oder Übertrainiertheit hilft es, eine andere Aufgabenstellung zu finden oder einige Male mit Üben auszusetzen.

Einen ehrgeizigen und überkorrekten Besitzer davon zu überzeugen, dass er die stets gleiche Fußgehübung jetzt sein lassen und besser ein kleines Kunststück mit seinem Hund einüben soll, ist gar nicht so einfach. Es entspannt jedoch oft die Situation und das Verhältnis zwischen Hund und Besitzer. Beim kleinen Kunststück gibt es keinen Erfolgszwang, das Gelingen lässt den Besitzer aber meist über die Leistungen seines Hundes staunen. Einen ähnlichen Erfolg haben Gehorsamsspiele in der Gruppe. Hierbei wird der Grundgehorsam auf spielerische Weise geübt und gefestigt, ohne dass das sture Üben oder falscher Ehrgeiz im Vordergrund stehen.

Bei manchen Aufgaben lassen sich die Hunde auch durch Zuschauen motivieren, insbesondere bei Apportier-übungen, weil der Hund auch

■ Dieser Hund freut sich nicht über Streicheleinheiten, er duldet sie nur – es muss deshalb eine andere Belohnung gefunden werden.

gerne den Apportiergegenstand haben möchte. Auch Springen auf oder über ein Hindernis gehört dazu.

Es gibt Hunde, deren Mitarbeit man sich richtig erarbeiten und verdienen muss. Erst wenn man gemeinsam etwas für den Hund Sinnvolles tut, gewinnt man seine Achtung und dann auch seine Mitarbeit.

Methodik beim sturen, dickköpfigen Hund

Oberstes Gebot ist hierbei ruhiges, aber absolut konsequentes Üben. Keine Experimente wagen. Kurze Übungseinheiten, bei denen vorher genau überlegt wird, was geübt werden soll, sind besser als lange Aufgaben. Was geplant war, muss dann aber auch durchgesetzt werden: nicht der Hund beendet eine Aufgabe, sondern stets der Besitzer. Das kann bedeuten, dass eine Übung notfalls am Rande der Gruppe in Ruhe zu Ende gebracht wird.

Kein Fach der Prüfungsordnung, aber beide sind mit Freude dabei.

Sture Hunde bringen ihre Besitzer oft in Rage. Es ist aber gerade bei diesen Hunden wichtig, noch sturer zu sein als sie. Sturheit heißt nicht Aggression, auch wenn der Besitzer ungehalten über den Ungehorsam seines Hundes ist. Gelassenheit und Konsequenz sind sinnvoller als wütende Reaktionen. Es kann durchaus auch einmal energischer und mit etwas Druck gearbeitet werden, muss aber immer dem Hund angemessen sein. Wenn der Hund gut arbeitet, muss sofort wieder Lob und Bestätigung erfolgen.

Besitzer von sturen Hunden neigen dazu, früh das Handtuch zu werfen. Oft sind sie bemüht, sich vor den anderen Teilnehmern für ihren Hund zu entschuldigen und eine Übung nicht zu beenden, weil alle warten müssen und es so mühsam ist, sich mit dem sturen Hund herumzuplagen. Wieder einmal hätte jetzt der sture Hund gewonnen. Der Kursleiter sollte den Besitzer auf jeden Fall hier unterstützen und ihn zum Durchhalten ermutigen.

Freuen Sie sich über Teilerfolge Ihres schwierigen Hundes so wie andere über eine Prüfung. Vergleichen Sie ihn nicht ständig mit anderen. Auch Ihr Hund hat gute Eigenschaften.

Korrekturen

Fehler	Korrektur
Hund interessiert sich nicht für Belohnungen	Besseren Verstärker finden. Nicht ständig ohne Grund belohnen
Hund interessiert sich nicht für Besitzer	Rangordnung überprüfen. Bindung zwischen Hund und Mensch festigen.
Hund verweigert Hindernisse oder bewegt sich langsam	Organische Ursachen abklären. Motorische Fähigkeiten, Körperbau und Temperament berücksichtigen.
Hund verhält sich nur in Kurssituationen lustlos und passiv	Lernmethode, Kursinhalt und -ziele überprüfen.

✐Und daheim? – Hausaufgaben

Der Besitzer kann zu Hause herausfinden, für welche Art der Beschäftigung der Hund sich besonders eignet und was ihm Spaß macht. Über den Spaß gewinnt er die Mitarbeit seines Hundes. Dieser lernt, dass sich die Zusammenarbeit mit seinem Menschen lohnt und so kann sich die Beziehung zum Besitzer aufbauen und festigen.

Es sollte überprüft werden:

- Wird dem Hund die Zuneigung auf einem Silbertablett hinterher getragen?
- Werden ihm alle Wünsche von den Augen abgelesen? Ein kluger Hund wird sich in der Stunde im Hundekurs nicht besonders anstrengen für ein Lob, das er sowieso dauernd bekommt.

> **TIPP**
> Nicht ständig auf den Hund einreden, nicht ständig belohnen, obwohl er nichts Besonderes getan hat. Die Aufmerksamkeit des Besitzers muss noch etwas Besonderes bleiben.

Integrationschancen

Sture Hunde können sehr gut in den Kurs integriert werden, weil sie die anderen Teilnehmer in der Regel kaum stören. Ein Lernfortschritt für Hund und Besitzer ist bei der entsprechenden Kursgestaltung durchaus möglich. Hier ist die Schulung des Besitzers nötig, damit er lernt, mit den Grenzen seines Hundes zu leben.

Stures Üben und übersteigerter Ehrgeiz, zu hohe Erwartungen und falsche Vorstellungen führen oft in eine Sackgasse. Dann ist es Zeit, neue Wege einzuschlagen.

„Zum Erfolg gibt
es keinen Lift.
Man muss die
Treppe benutzen."
(Emil Ösch)

Der aggressive Hund

Streitsüchtig und unfreundlich

Auf einen aggressiven, unfreundlichen Hund reagieren die anderen
Kursteilnehmer recht unterschiedlich. Die einen sind froh, dass sie
selbst diese Schwierigkeiten nicht haben, andere fürchten sich vor
dem aggressiven Hund und wollen ihre Hunde nicht mit ihm
zusammen üben lassen. Auch die Besitzer dieser Hunde sind sehr
verschieden. Dem einen, selbst vielleicht ein ausgesprochen friedlicher
und umgänglicher Mensch, ist es ausgesprochen peinlich, dass sich
gerade sein Hund so benimmt. Er kann sich das aggressive Verhalten
seines Hundes nicht erklären und auch nicht damit umgehen. Andere
Hundebesitzer finden es ganz in Ordnung, wenn sich ihr Hund
„nicht alles gefallen lässt".

Immer ist es wichtig, dem Besitzer klar zu machen, dass es bei
diesem Problemkreis keine Wunderheilungen gibt und eine
Lösung viel Geduld und Ausdauer erfordert. Manchmal ist es
überhaupt nicht möglich, das Problem im Rahmen eines Kurses
zu lösen.

Ein offensiv
drohender Hund:
Gebleckte Zähne, runde
Mundwinkel,
aufgestelltes Nackenfell,
erhobene Rute.

Kein Fall für den Hundekurs

Ohne die Kompetenz eines Ausbilders anzweifeln zu wollen – es gibt
Fälle von Aggression, die in einem normalen Erziehungskurs nicht
behandelt werden können. Wichtig ist, dass dies erkannt wird. Ein
halbherziger Therapieversuch kostet Zeit und Nerven aller Beteiligten
und führt letztlich doch zu keinem befriedigenden Ergebnis. Wenn
man dagegen rechtzeitig einen Fachmann in Anspruch nimmt, kann
man manchmal in kürzerer Zeit eine Lösung finden.

Zeigt ein Hund aggressives Verhalten in seinem eigenen Territorium,
so dass fremde Menschen und Tiere dort heftig angegriffen und ver-
trieben werden, so lässt sich dies nicht immer in eine Kurssituation
übertragen.

Aggression des Hundes gegenüber Familienmitgliedern hängt oft
mit ungeklärten Rangordnung innerhalb des Mensch-Hunde-Rudels

„Der tut nix!"

TIPP
Bei der Behandlung von Aggressionsproblemen werden viele Fehler gemacht. Dies führt nicht nur zu einer Steigerung des Problems, sondern auch zu gefährlichen Situationen, die Besitzer und Kursleiter nicht mehr im Griff haben. Aggressionsprobleme ziehen oft Personenschäden nach sich, daher sollte mit allen Formen der Aggression überlegt und behutsam umgegangen werden.

TIPP
Ansprechpartner sind Fachtierärzte für Tierverhaltenstherapie !

zusammen. Hier ist eine ausführliche Beratung mit den Familienmitgliedern angezeigt.

Diese Formen der Aggression sollten gezielt mit einem Fachmann und auf die jeweilige Lebenssituation abgestimmt behandelt werden. Natürlich ist ein guter Grundgehorsam des Hundes immer hilfreich, um ihn besser unter Kontrolle zu haben. Hierbei kann ein Erziehungskurs helfen. Wichtig dabei ist, dass das vom Verhaltenstherapeuten vorgeschlagene Training und der Kurs sich ergänzen.

Aggressives Verhalten in Zusammenhang mit Beute kann in der Regel im Kurs nicht geändert werden. Über Beute aggressive Hunde, die sich aber sonst normal verhalten, können bei allen Aufgaben problemlos mitmachen, die nichts mit Beute zu tun haben. Werden Aufgaben gestellt, bei denen Beute ins Spiel kommt, seien es Apportier-, Transportaufgaben oder bestimmte Actionspiele, müssen Kursleiter und Besitzer den Hund entsprechend einschätzen. Vorsicht ist geboten bei Belohnung über Spielzeug. Es kann schon zu Konflikten kommen, wenn der Nebenmann seinen Hund mit einem Beutegegenstand anreizt.

Aggression gegenüber anderen Hunden

Aggressives Verhalten einzelner Hunde innerhalb einer Hundegruppe dürfte den meisten Ausbildern im Verlauf einer Kursstunde schon begegnet sein. In Kombination mit anderen Maßnahmen können im Kurs durchaus Verbesserungen erreicht werden.

Beschreibung

Hund geht nicht normal auf den Platz wie alle anderen auch. Er tritt auf! Mit hocherhobener Rute stolziert er im Stechschritt auf das Gelände. Am Eingangstürchen hebt er noch schnell, aber ganz bewusst, das Bein. Dann sucht er sich sein erstes Opfer aus und fixiert es mit selbstbewusstem Blick. Die anderen Hunde haben längst verstanden. Sein Besitzer braucht meist etwas länger. Hund knurrt noch schnell mal im Vorbeigehen herausfordernd einen anderen an und erwartet, dass sich dieser demutsvoll abwendet. Wenn dieser die Herausforde-

Häufiger Kontakt zu unterschiedlichen Hunden beugt Verständigungsproblemen vor.

rung jedoch annimmt und sich nicht durch seine Körpersprache unterwirft, kommt es zu einem kurzen, mehr oder weniger heftigen Geplänkel! Im Verlauf der Stunde nützt Hund die Gelegenheiten, sich ins rechte Licht zu setzen. Bei Begegnungen mit anderen Hunden zeigt Hund deutliches Imponiergehabe. Sein Besitzer ist ständig damit beschäftigt, Hund auf sich zu konzentrieren und Blickduelle mit den anderen Hunden zu unterbinden. Das war „Rambo" (es gibt genauso auch „Rambinen").

Es kann jedoch auch anders aussehen: Beim Freilauf vor dem Kurs läuft Hund ohne Konflikte mit zwei oder drei anderen Hunden auf der großen Wiese. Hund schnüffelt an einem Mauseloch und kümmert sich weniger um die anderen. Kommt man sich zu nahe, geht man sich aus dem Weg. Dann geht es in die Übungsstunde. Schon bei der ersten Übung kommt ihm ein anderer Hund in zu geringem Abstand entgegen. Hund fängt an, zu bellen und an der Leine in Richtung anderer Hund zu zerren. Gerade noch kriegt sein Besitzer die Kurve und biegt ab. Übungen in der Gruppe gelingen fast nie, da Hund immer so aggressiv reagiert, wenn ihm ein anderer Hund zu nahe kommt. Er kann weder direkt neben anderen Hunden abgelegt werden, noch in gerader Linie eng an einem anderen Hund vorbeigehen. Es fällt auf, dass Hund hier eher zur Seite ausweichen will. Weil ein uneinsichtiger Besitzer und Kursleiter aber darauf bestehen, versucht Hund sich mit „Gemotze" Distanz zu schaffen. Die anderen Kursteilnehmer bringen wenig Verständnis auf: Schafft es Hund's Besitzer denn nie, seinen Hund endlich in den Griff zu bekommen?

63

Finger weg von
meinem Ball!

Erkennen Sie hier Ihre Kurshunde wieder? Beide sind „aggressiv",
aber aus unterschiedlichen Motiven. Um Abhilfe zu schaffen und
gezielt Tipps geben zu können, muss zunächst nach Ursache und
Motivation für das Verhalten gesucht werden.

Was kann die Ursache sein?

Gerade beim Thema „aggressiver Hund" äußern Hundefachleute und
-laien oft vorschnell ihre Vermutungen und Einschätzungen.

Organische Ursachen

Schmerzen führen häufig zu aggressiven Reaktionen.
Beispiele für organische Störungen: Sehstörungen, Blindheit, neuro-
logische Erkrankungen, Schilddrüsenfehlfunktionen, hormonelle
Probleme, Futtermittelunverträglichkeit.

**Mangelnde Ausdrucksmöglichkeiten
aufgrund der Rasse:**

- Shar Pei: Viele Falten im Gesicht –
  keine Gesichtsmimik möglich
- Bobtail: Fell bedeckt wuschelig den
  ganzen Körper – keine
  Körpersprache erkennbar
- American Staffordshire und ver-
  wandte Rassen: Genetisch bedingte
  Veränderungen im intraspezifischen
  Aggressionsverhalten sind möglich

An eine organische Ursache sollte gedacht werden,
wenn

- die Verhaltensänderung plötzlich auftritt.
- der Hund nur bei Berührungen aggressiv
  reagiert.
- der Hund gleichzeitig schreckhaft reagiert.
- das aggressive Verhalten nur in bestimmten
  Übungssituationen auftritt.
- das aggressive Verhalten periodisch auftritt.

Rassedisposition

Es gibt Hunderassen, die mit anderen Hunden
weniger verträglich sind. Zum Teil gibt es dafür eine genetische
Disposition. Manchem Hund fehlt ein Teil seines Ausdrucksverhaltens.
Andere Hunde haben es dann sehr schwer, seine Absichten zu
erkennen und darauf zu reagieren.

Erlerntes Verhalten

Hunde können Angst vor bestimmten Situationen, Personen oder
anderen Hunden haben. Aus Unsicherheit reagieren sie je nach
Veranlagung auch aggressiv.

Hat ein Hund schlechte Erfahrungen mit einem bestimmten Hund gemacht, so ist es durchaus möglich, dass er dies nun verallgemeinert.

Ein unsicherer Hund, der einmal gelernt hat, sich mit aggressivem
Verhalten die Artgenossen vom Leib zu halten, wird dieses Verhalten
beibehalten, denn:

- Er fühlt sich wohl dabei, weil er sich körperlich bewegen kann.
  Durch Bewegung wird Stress abgebaut.
- Durch sein Drohen gewinnt der Hund eine gewisse Distanz, denn
  die anderen Hunden gehen auf Abstand.
- Wenn der Besitzer von der Situation überrascht wird, reagiert er
  häufig beruhigend und beschwichtigend, dadurch bestärkt er den
  Hund in seinem Tun.

Es ist für den ungeübten Beobachter nicht ganz einfach zu
erkennen, ob ein Hund aus Unsicherheit aggressiv reagiert oder ob
andere Gründe eine Rolle spielen.

Hier haben die
Hunde schon längst die
Führung übernommen,
während die Menschen
noch ratlos zögern.

Überforderung

Durch schwierige Aufgabenstellung, aber auch durch die Gesamt-
situation, kann ein Hund überfordert sein: Viele Hunde auf dem Platz,
laute Kommandos, Geschrei, andere hektische Hunde, Übungen in der
großen Gruppe, lange Wartezeiten ohne Bewegung oder Angst vor
bestimmten Übungen. All das kann den Hund in eine aggressive

Stimmung bringen, die oft zeitverzögert wirkt und erst zu Hause in Erscheinung tritt. Der Hund reagiert seine Anspannung dann in aggressiver Form am nächstbesten Hund ab, der ihm begegnet. Ein Zusammenhang mit der Kurssituation auf dem Übungsplatz ist zunächst nicht offensichtlich und wird erst deutlich, wenn sich das Verhalten immer zu bestimmten Zeiten oder an bestimmten Wochentagen, nämlich den Übungstagen auf dem Platz, zeigt.

Mangelnde Sozialisation

Bei Hunden, die in ihrer frühen Prägungsphase keine oder zu wenig Möglichkeiten hatten, andere Hunde kennen zu lernen und sich mit der Vielfalt der rassebedingten Unterschiede auseinander zu setzen, können Schwierigkeiten auftreten. Verstärkt wird dies durch den Besitzer, der übervorsichtig seinen Hund behütet und ihm keine Möglichkeiten zum freien Umgang mit anderen Hunden gibt. Auch Hunde müssen erst lernen, dass Hunde anderer Rassen einen anderen „Dialekt" der Körpersprache sprechen.

Die aufgerichtete Rute bei einigen Terrierarten, die gar nicht anders getragen werden kann, wirkt auf andere Rassen wie eine ständige Kampfansage. Die über dem Rücken gerollte Rute der nordischen Rassen hat den gleichen Effekt. Manche großen Hunde bewegen sich ständig in einer Art Stechschritt, der von anderen als Imponiergehabe missverstanden wird. Die eingerollt und unter dem Bauch getragene Rute der Windhunde lässt manchen anderen Hund eine Demutshaltung vermuten, dabei kann gerade dieser Windhund ein recht mutiger Vertreter seiner Rasse sein, der gar nicht daran denkt, sich in Auseinandersetzungen zu ergeben.

Unfreundliches oder aggressives Verhalten gegenüber gleich-geschlechtlichen Artgenossen ist zwar normales Hundeverhalten, sorgt aber im Alltag oft für erhebliche Probleme.

Die Arbeit mit gegen Artgenossen aggressiven Hunden

Hunde, die gegenüber Artgenossen nicht sehr verträglich sind, können auch im Hundekurs in den seltensten Fällen lernen, plötzlich andere Hunde zu lieben. Sie können aber oft lernen, die anderen Hunde nicht zu beachten und ihnen aus dem Weg zu gehen.

Zu kleiner Abstand zum anderen Team, Hund und Besitzer sind überfordert: Misserfolge sind vorprogrammiert!

Kursgestaltung

Für aggressive Hunde und ihre Besitzer ist zunächst eine kleine Übungsgruppe sinnvoll. Hier kann der Kursleiter die Verhaltensweisen der Hunde schneller erkennen und interpretieren und hat bessere Möglichkeiten, den Hundebesitzer anzuleiten. Je kleiner die Gruppe, desto weniger fühlt sich ein Besitzer vorgeführt, denn bereits nach kurzer Zeit kennen sich die wenigen Teilnehmer untereinander und auch die Probleme der einzelnen Hunde. Außerdem ist es viel leichter, Übungen in einigem Abstand zu den anderen zu absolvieren. Das Hauptaugenmerk ist darauf zu richten, dass der Hund ruhig bleibt, wenn andere Hunde in Sicht kommen. Für viele Besitzer ist es bereits ein Erfolg, wenn der Hund beim Auftauchen eines Artgenossen nicht mehr zähnefletschend und bellend in der Leine hängt. Was für andere selbstverständlich ist, müssen Hund und Besitzer mühsam erarbeiten.

In der Großgruppe müssen Absprachen getroffen werden für den Umgang der anderen Kursteilnehmer mit dem Hund. Außerdem braucht der aggressive Hund immer wieder einmal eine „Pause", wenn eine Gruppenübung für ihn nicht geeignet ist.

Bei gravierenderen Erscheinungsformen sollte ein spezieller Rauferkurs in Erwägung gezogen werden. Ein Rauferkurs braucht einen besonders geschulten Ausbilder. Er ist kein Fall für einen Anfänger, denn es kann leicht mehr zerstört als korrigiert werden.

69

Methodik

Der aggressive Hund muss im Kurs immer unter Kontrolle und deshalb angeleint geführt werden, sei es an der normalen Führleine, sei es bei entsprechenden Übungen an der langen Feldleine. Priorität hat die Sicherheit der anderen Teams, notfalls muss der aggressive Hund mit Maulkorb geführt werden. Sinnvoll ist, einen angemessenen Abstand zu den anderen Hunden einzuhalten, im Zweifelsfall eher zu groß als zu klein. Büsche können als natürliche Sichtbarrieren und Abstandshalter gut genützt werden.

> **TIPP**
> Vermeiden Sie:
> - Enge Begegnungen Hund an Hund
> - Ablegen dicht neben einem anderen Hund
> - Slalomübungen um die anderen Hunde
> - Blickkontakt zum anderen Hund

Gruppenübungen, die mögliche Konfrontationen mit anderen Hunden beinhalten, etwa eine Slalom-übung, bei der ein Hund um die anderen Hunde herumlaufen muss, sind für viele dieser Hunde zunächst unmöglich. Wenn die Übung aber stufen-weise aufgebaut wird und zum nächsten Schritt erst dann übergegangen wird, wenn der vorherige gut geklappt hat, sind Lernfortschritte durchaus möglich.

Mehr als andere Hunde kommen gerade aggressive Hunde, aber auch ihre Besitzer, an die Grenzen ihrer Belastbarkeit. Die Anspannung summiert sich und bei Überforderung reagieren solche Hunde mit verstärkter Aggression. Der vorher erarbeitete Trainingserfolg wird dadurch zunichte gemacht. Daher müssen nach Anstrengungen ausreichende Pausen folgen. Am Anfang des Trainings kann dies bedeuten, dass schon nach einer oder zwei Hundebegegnungen eine Pause nötig ist, nicht erst nach einer halben oder vollen Stunde, wie es oft auf Hundeplätzen üblich ist.

Pause bedeutet: Der Hund muss aus dem Sichtbereich der anderen Hunde entfernt werden. Dort kann der Besitzer auch eine ruhige Gehorsamsübung mit seinem Hund ausführen, bis der Hund wieder entspannt und auf den Besitzer konzentriert ist. Auch die Besitzer aggressiver Hunde sind für eine kleine Verschnaufpause meist dankbar.

Korrekturen

Beim Training von aggressiven Hunden reicht es nicht aus, dem Hund zu verbieten, seine aggressiven Verhaltensweisen auszuleben. Er braucht gleichzeitig ein Training, um ein besseres Alternativverhalten aufzubauen und einzuüben. Er kann lernen, um andere Hunde einen Bogen zu machen oder anstelle des anderen Hundes seinen Besitzer anzuschauen. Das Interesse des Hundes liegt da, wo sein Blick hingeht. Durch ein stufenweise aufgebautes Training kann der Besitzer lernen, seinem Hund in diesen Situationen besseres Verhalten beizubringen.

Stufe 1: Seinen Hund auf sich konzentrieren, durch:
Leckerle, Spielzeug oder ein bestimmtes Kommandowort
<u>Wichtig:</u> Richtigen Zeitpunkt wählen! Ein Leckerle (oder Spielzeug) ist Belohnung für richtiges Verhalten und Konzentration auf den Besitzer. Wenn der Hund sich kurze Zeit auf seinen Besitzer konzentrieren kann und ihn anschaut, bekommt er die Belohnung. Der Zeitraum lässt sich dann steigern. Die Futterbelohnung sollte dem Hund nicht dauernd vor die Nase gehalten werden, sie darf nicht als „Bestechung" verwendet werden.
<u>Ziel:</u> Der aggressive Hund geht an einem anderen Hund vorbei, schaut während der ganzen Begegnung seinen Besitzer an, nicht den gegnerischen Hund, und bekommt die Belohnung erst dann, wenn er bereits mehrere Meter am anderen Hund vorbeigegangen ist, ohne sich aufzuregen.

Stufe 2: Erkennen von Anzeichen von Aufregung
Die Anzeichen dafür sind von Hund zu Hund verschieden und nicht für jeden sofort erkennbar. Es kann die Stellung der Ohren sein, der etwas andere Schritt oder das Bewegen der Rute. Hilfreich ist in solchen Fällen ein zweiter Beobachter, der nebenher gehend dies oft besser erkennen und dem Besitzer gute Hinweise geben kann.

Korrekte Begegnung: nicht den anderen Hund, sondern den Besitzer im Blick.

■ Wo liegen die Grenzen zwischen Spiel und Ernst?
Bereits im Welpenalter werden die Weichen für ein problemlosen Miteinander gestellt.

Stufe 3: Richtungswechsel

Genau in diesem Moment des Erkennens von Aufregung wechselt der Besitzer blitzschnell, aber nicht hektisch, die Richtung, geht etwa in die entgegengesetzte Richtung zurück, biegt in eine Einfahrt ab, weicht in eine Seitenstraße aus oder wechselt die Straßenseite. Der Hund soll nicht lange Strecken geradeaus auf das Objekt seiner Aufregung zugehen können. Wenn er genug Zeit hat, kann er selbst entscheiden, ob er auf den anderen Hund losgehen will oder nicht. Nimmt man ihm durch Richtungswechsel die Entscheidung ab, ist man als Mensch dem Hund einen wichtigen Schritt voraus.

Evtl. Stufe 4: Haltitraining

Der Einsatz des Haltis ist hier besonders sinnvoll, weil der Besitzer zusätzliche Kontrolle über den Hund hat und der Hund beim richtigen Einsatz des Haltis fast automatisch seinen Blick weg vom anderen Hund auf seinen Besitzer lenken muss.

Anwendung: Beim ersten Anzeichen von Aufregung mit der Konzentrationsübung von Stufe 1 anfangen, Richtungswechsel ausführen und sofort belohnen, wenn der Hund ruhig geblieben ist.

Für die ersten Hundebegegnungen sollte immer ein ruhiger, verträglicher Hund gewählt werden, der ebenfalls angeleint in großem Abstand vorbeigeführt wird. Bei weiteren Übungen in den nächsten Tagen kann der Abstand je nach Lernfortschritt verringert werden.

Für ruhiges und gelassenes Verhalten wird der Hund gelobt, aggressives Verhalten wird eher ignoriert. Nicht ungeduldig werden und zu schnell vorgehen.

Es funktioniert nicht, den Hund mit einem Leckerchen bestechen zu wollen, wenn er sich bereits in seine Aggression hineingesteigert hat. Er nimmt das Leckerchen entweder gar nicht mehr wahr, weil er sich so sehr auf seinen Gegner konzentriert, oder fasst es als Belohnung für sein Tun auf. All diese Maßnahmen müssen vor dem Kurs in Einzeltraining mit dem Besitzer besprochen und geübt werden, im Kurs kann dann dieses „Handwerkszeug" angewendet werden.

Beispiel einer Kursstunde

In einer Kleingruppe oder einem gesonderten Rauferkurs kann sich der Kursleiter ganz auf diese Hunde und ihre Schwierigkeiten konzentrieren. Zunächst sollte geklärt werden, ob und wie schnell ein Hund den Übungsplatz als sein Territorium betrachtet und aggressiv auf weitere Ankommende reagiert. In solchen Fällen sollte dieser Hund als Letzter auf den Platz kommen.

Der Übungsleiter bespricht mit den Besitzern die Vorgehensweise in diesem Kurs. Sinnvoll ist zunächst eine Art Trockentraining mit den Hundeführern. Hierbei spielt jeder Hundebesitzer in Gedanken und mit dem Kursleiter durch, wie er sich in Begegnungssituationen verhalten könnte.

> **TIPP** Beobachtungsaufgaben für den Besitzer:
> - Woran erkennt er die Anzeichen von Aufregung bei seinem Hund?
> - Wann muss er den Blickkontakt zum anderen Hund abbrechen?
> - Durch welche Maßnahmen kann er dies erreichen?
> - Wann und wohin sollte er einem anderen Team ausweichen?

Der Kursleiter erklärt außerdem die Möglichkeiten, die der Übungsplatz bietet: Hecken, Büsche oder künstliche Verstecke können als Sichtschutz dienen und er zeigt die Ausweichmöglichkeiten. Hier sind Absprachen unter den einzelnen Hundeführern besonders wichtig, damit sie nicht zur gleichen Seite ausweichen oder das gleiche Gebüsch als Sichtschutz für die Pause aufsuchen.

In großem Abstand zueinander absolvieren die Teams zunächst einige ruhig verlaufende Gehorsamsübungen, bei denen sich die Hunde immer angeleint dicht bei ihren Besitzern befinden. Selbst Übungen an der langen Leine sind zu Beginn einer Kursstunde zu risikoreich. Ein ruhiger und gelassener Hund als Ablenkehund ist ein guter Helfer für die ersten Begegnungen. Die Begegnung mit einem ebenfalls aggressiven und aufgeregten Hund wäre eine Überforderung. Wichtig ist, dass dem ruhigen Übungshund nichts passiert und dass er genügend Pausen erhält, um sich zu erholen. Nach und nach

73

und unter Anleitung des Kursleiters begegnen die einzelnen Teams dem ruhigen Übungshund. Erst wenn ein Team diese Begegnungen so gut meistert, dass der Hund sich auf seinen Besitzer konzentriert und auch der Besitzer nicht mehr in Anspannung gerät, finden erste Begegnungen mit einem Hund aus der Übungsgruppe statt. Es ist Aufgabe des Kursleiters, die passenden Paare auszuwählen. Am Anfang absolvieren die Hunde die Übungen mit mehreren Metern Abstand zueinander. Spätestens danach ist für alle Teilnehmer eine Pause nötig.

Dann folgen wieder ruhig verlaufende Einzelübungen in großem Abstand zu des anderen Hunden. Manche Teams schaffen gegen Ende einer Übungseinheit nochmals einige Begegnungen mit anderen Paaren. Das ist dann der Fall, wenn der Hund sich noch gut auf seinen Besitzer konzentrieren kann und dieser ebenfalls noch die Ruhe und Gelassenheit dazu hat. Andere wären damit überfordert und der erreichte Lernerfolg würde dadurch zunichte gemacht. Es ist daher bei solchen Kursen besonders wichtig, dass Kursleiter und Hundebesitzer die Belastbarkeit ihrer Hunde richtig einschätzen können.

> **TIPP** Falscher Ehrgeiz schadet mehr als er nützt!

Weitere gut geeignete Üungen für die nächsten Kursstunden sind Herkommübungen und Stopp-Übungen, wie Sitz und Platz auf Entfernung. Zur Sicherheit immer an der langen Leine und mit genügend Abstand zu anderen Teams.

Damit die Besitzer und ihre Hunde auch im Alltag diese Begegnungen meistern, sollten sie nicht nur auf dem bekannten Übungsplatz arbeiten. Wichtig dabei ist, dass das neue Gelände zunächst überschaubar ist und Ausweichmöglichkeiten bietet, damit es zu keinen unerwarteten Begegnungen mit fremden Hunden kommt. Erst mit zunehmenden Lernforschritten übt die Gruppe in „Alltagssituationen".

✐Und daheim ? – Hausaufgaben

Sinnvoll ist zunächst immer ein Einzeltraining, in dem das Problem analysiert und ein korrekt aufgebauter und realistischer Trainingsplan aufgestellt wird. Der Besitzer muss lernen, seinen Hund genau zu beobachten. Er sollte erkennen, wann sein Hund beginnt sich aufzuregen. Einüben von erfolgreichem Alternativverhalten kann zunächst ebenfalls nur daheim in ruhiger Umgebung gelingen. Ein konsequent durchgeführtes Gehorsamstraining ist immer wichtig, zu Beginn ohne Ablenkung durch einen anderen Hund.

Integrationschancen

Integration ist möglich, wenn in Einzelstunden ein bestimmer Trainingsstand erreicht wurde. Der Besitzer muss gelernt haben, wie er das alternative Verhalten einübt. Der Hund hat gelernt, die anderen Hunde überwiegend zu ignorieren, wenn sie einen Abstand von etwa 3 bis 4 Metern einhalten. Der Hund macht nur bei solchen Übungen mit, die seinem Trainingsstand angepasst sind. Der Besitzer kann mit dem Hund auch selbstständig arbeiten, er braucht nicht ständig Hilfestellung und Anleitung vom Kursleiter.

Aggression gegenüber Passanten, Joggern oder Radfahrern

Dies ist für viele Hundebesitzer ein besonderes Problem. Viele kommen gerade deswegen hilfesuchend in den Kurs. Es sind auch hier keine Wunder zu erwarten, oft aber Verbesserungen im Verhalten der Hunde.

Beschreibung

Hund sitzt vor der offenen Heckklappe seines Kombis, neben ihm das „Kursgepäck". Ein Kursteilnehmer geht vorbei. Hund findet das gar

Es ist für Ungeübte auf den ersten Blick nicht so leicht erkennbar, dass Hund das enge Vorbeigehen an „seinem" Auto nicht mag und sie lieber einen etwas weiteren Bogen um ihn machen sollten.

75

nicht gut. Er sitzt weiterhin da und schaut – aber wie? Hund zeigt Angriffsdrohen und das sieht zunächst nicht sehr spektakulär aus.

Der Vorübergehende erkennt diese Warnung nicht, er ist mit seinen Gedanken ganz woanders und kommt Hund zu nahe. Hund springt mit einem gewaltigen Satz nach vorne! Der Mensch weicht erschrocken nach hinten aus, Hund zieht sich leise knurrend auf seinen Platz am Auto zurück. Der Mensch beschwert sich lautstark beim Besitzer: „Dein Hund ist ohne Vorwarnung auf mich losgegangen!"

Im Hundekurs während der Übungen mag Hund es überhaupt nicht, wenn Fremde direkt auf ihn zukommen, zu nahe an ihm vorbeigehen oder ihn gar anfassen wollen. Er wird in diesen Fällen ganz steif in seinen Bewegungen, fixiert den Fremden und beginnt leise zu knurren. Hund gehört zum eher selbstbewussten Typ.

Es kann auch etwas anders aussehen, wenn Hund ein eher unsicherer Typ ist und abwehrend oder ängstlich auf andere Menschen reagiert. Auch hier mag Hund es überhaupt nicht, wenn andere Kursteilnehmer ihm zu nahe kommen. Er versucht zunächst auszuweichen, gelingt es ihm nicht, zeigt er Abwehrdrohen. Erkennt der andere nicht, dass Hund sich bei dieser nahen Begegnung nicht wohlfühlt und versucht ihn zu streicheln, kann Hund durchaus zuschnappen.

Heute führt der Ausbilder eine neue Übung ein: Platz in der Gruppe. Hund soll sich auf den Boden legen. Hund fühlt sich in dieser Situation unwohl, er steht mehrmals wieder auf. Der Kursleiter gibt dem Besitzer den Tipp, sich nun endlich durchzusetzen und sich nicht alles gefallen zu lassen. Der Besitzer drückt den Hund

Es ist dem Hund anzusehen: Er könnte jetzt auch zubeißen.

mehrmals nach unten, Hund wehrt sich, windet sich heraus. Der Kursleiter wird ungeduldig, er geht auf Hund zu, will ihn ins Platz zwingen. Hund zeigt schon lange mit allen verfügbaren Mitteln Abwehrdrohen. Als letztes Mittel bleibt ihm nur noch der Angriff: Hund beisst in die Hand des Ausbilders, die ihn auf den Boden drücken will. Mit einem Schmerzensschrei fährt der Ausbilder zurück.

Eine andere Variante ist der Hund, der seine Aggression nur in ganz bestimmten Situationen zeigt: Hund jagt Jogger. Genauso reagiert Hund, wenn es Übungen im Laufschritt zu absolvieren gilt, wenn andere an ihm vorbeirennen oder sich lebhaft bewegen. Hund setzt ihnen nach, will sie jagen. Hund ist schnell, schneller als ein Mensch und daher oft erfolgreich. Er stellt sie und verbellt. „Rufen Sie den Hund zurück!" ist an der Tagesordnung, sein Besitzer hat sich schon viel Ärger eingehandelt. Er weiß sich keinen Rat mehr und sucht Hilfe im Kurs.

Was kann die Ursache sein?

Viele Probleme im Aggressionsbereich entstehen ohne Zutun des Besitzers oder anderen Personen, andere sind selbst verursacht. Wer seinen Hund absichtlich oder unbewusst „scharf" macht, braucht sich über problematische Verhaltensweisen nicht zu wundern.

Organische Ursachen

Genau wie beim Hund, der Artgenossen gegenüber aggressiv reagiert, spielen auch beim gegen Menschen aggressiven Hund organische Ursachen eine Rolle. Vor allem Schmerzen bei Berührungen, selbst durch den gut gemeinten Streichler über den Rücken, können aggressives Verhalten auslösen. Auch mangelndes Seh- und Hörvermögen können den Hund verunsichern. Hunde, die nicht mehr gut hören, werden vor allem von Joggern oder Radfahrern, die ihn von hinten überholen, erschreckt.

Territoriales Verhalten

Dies muss nicht nur auf eigenem Grund und Boden gezeigt werden. Manche Hunde gehen sehr großzügig mit dem Begriff Territorium um. Es reicht ihnen schon aus, einige Minuten neben dem Besitzer auf

einer Bank zu sitzen, schon wird ein hinzukommender Mensch angeknurrt, weil der Hund diese Bank nun als sein Territorium betrachtet.
Wo seine Decke liegt, sein Mensch auf der Parkbank sitzt, seine Leine,
der Wassernapf und der Besitzerrucksack auf dem Hundeplatz abge-
stellt sind, ist das Territorium des Hundes und dieses gilt es zu
bewachen und zu verteidigen.

Erlerntes Verhalten

Hat ein Hund schlechte Erfahrungen mit einem bestimmten Menschen
gemacht, ist es durchaus möglich, dass er dies auf andere Menschen
mit ähnlicher Kleidung, ähnlicher Stimme, ähnlicher Haltung oder
ähnlichem Gang überträgt. Viele Hunde, die schlechte Erfahrungen
gemacht haben, verknüpfen dies mit ähnlichen Situationen, in die sie
gebracht werden.
Durch Schutzdienstarbeit kann ein Hund Angriffs- oder
Verteidigungsverhalten erlernen. Probleme entstehen erst recht durch
falsch aufgebaute Schutzdienstarbeit oder durch Schutzdienst mit
Hunden, die von ihren Anlagen und Charakter her überhaupt nicht
dafür geeignet sind.

Unzureichende Sozialisierung

Hat ein Hund in seiner Welpenzeit und damit der frühen Prägephase
wenig Gelegenheit, positiven Kontakt zu verschiedenen Menschen
aufzunehmen, tut er sich vielleicht später schwer, ein normales und
unbefangenes Verhältnis zu den Menschen aufzubauen. Hunde, die
von ihrer Rasseanlage her zu Misstrauen und Vorsicht gegenüber

Fremden neigen, zeigen oft gesteigertes Misstrauen und Aggression, wenn sie falsch und isoliert aufwachsen mussten.

Ein gewisses Misstrauen ist jedoch bei solchen Rassen durchaus normal. Von einem Hund, der darauf gezüchtet wurde, zu bewachen und zu verteidigen, darf man als Fremder keine herzliche Freundschaft erwarten.

Beutefangverhalten

Beutefangverhalten ist im Grunde eine normale Verhaltensweise des Hundes, der als Raubtier Jagdbeute machen muss, um nicht zu verhungern. Der Beute gegenüber zeigt ein Hund keine Merkmale von Aggression, sie wird nie angedroht oder angeknurrt.

In der heutigen Zeit haben nur noch wenige Hunde Gelegenheit, diesem Instinkt nachzugehen. Es ist in der Stadt äußerst problematisch, wenn ein Hund im Park Vögel oder Kaninchen jagt, im Wald sieht es kein Jagdpächter mit Freude, wenn wildernde Hunde Rehe und Hasen hetzen. Manche Hunde übertragen ihr Jagdverhalten auf Jogger, Radfahrer, rennende Kinder oder Autos.

Die Arbeit mit gegen Menschen aggressiven Hunden

Was für den Umgang mit dem gegenüber Artgenossen aggressiven Hund im Kurs gilt, hat auch beim gegenüber Menschen aggressiven

■ Kein Spaß mehr – zumindest für den Radfahrer!

Hund Gültigkeit. Zusätzlich sollten beim Üben noch einige Punkte beachtet werden.

Kursgestaltung

Für Hunde, die Menschen gegenüber aggressiv reagieren, sind ruhige Kurse mit ruhigen Übungen geeignet, damit alle aufregenden Situationen sofort wieder abgeschwächt werden können. Aufgeregte Teilnehmer mit weitausholenden Gesten und hektischem Verhalten können den Hund in Bedrängnis bringen, zum Hinterherjagen animieren oder Verteidigungsbereitschaft auslösen. Die Übungsgruppe sollte nach Möglichkeit nicht neben einem anderen Kurs arbeiten, in dem es sehr lebhaft zugeht, besonders die Aufregung und Anspannung bei Übungen im Schutzdienst überträgt sich schnell auf den benachbarten Kurs.

Wenn der erforderliche Abstand eingehalten wird und Ausweichmöglichkeiten genutzt werden, kann der Hund bei vielen Gehorsams- und Konzentrationsübungen mitmachen.

Bei actionreichen Übungen oder Gehorsamsspielen dagegen sollte er in die Pause und außer Sicht geschickt werden. Die anderen Kursteilnehmer sollten sich im eigenen Interesse an die Regel halten, den Hund nicht anzufassen und Abstand zu ihm zu halten.

Bei Hunden, die Jogger, Radfahrer oder Spaziergänger jagen, ist es nötig, auch außerhalb des Übungsplatzes zu üben. Dies ist in der Regel im Rahmen eines üblichen Hundekurses nicht möglich, sondern muss zunächst im Einzeltraining unter Anleitung eines erfahrenen Ausbilders geschehen. In kontrollierten Übungssituationen, in denen der bestellte Radfahrer unterrichtet ist und sich richtig verhält, können Hund und Besitzer das richtige Verhalten trainieren.

Methodik

Da die Gründe für aggressives Verhalten gegenüber Menschen sehr verschieden sind (von anlagebedingter Wachsamkeit, ängstlich abwehrendem Verhalten bis hin zur antrainierten Aggression), ist esnicht einfach, diesen Hunden im Kurs gerecht zu werden. Ein einheitliches Vorgehen gibt es nicht. Was aber trainiert werden kann, ist der Grundgehorsam. Nur wenn die Grundkommandos in allen Lebenslagen greifen, hat der Besitzer die Chance, seinen Hund im Einwirkungsbereich zu halten und ihn zuverlässig zu beaufsichtigen. Wichtige Übungen sind alle Varianten von Herkommen und Dableiben, ebenso das Stoppen auf Entfernung. Beim Training mit aggressiven Hunden ist ruhiges Arbeiten und sicheres Auftreten des Besitzers entscheidend für den Erfolg. Dies ist jedoch gar nicht so einfach. Viele Besitzer aggressiver Hunde haben schon recht unliebsame Situationen erlebt. Sie haben nun Angst vor jeder neuen Situation, in der ihr Hund wieder aggressiv reagieren könnte. Deshalb sind sie oft schon ängstlich und angespannt, wenn sie in eine entsprechende Lage kommen. Dies überträgt sich natürlich auf den Hund und weitere Schwierigkeiten sind zu erwarten.

Die Besitzer können aber lernen, ihren Hund besser einzuschätzen, wenn sie Anzeichen von Aufregung erkennen können. Mit einem ausge-glichenen Fremdhund an der Leine könnten die Teilnehmer ihre eigene Körpersprache überprüfen, Gelassenheit und Alternativhandlungen trainieren. Wenn den Besitzern dieser Handlungsablauf in Fleisch und Blut übergegangen ist, können sie in kritischen Situationen darauf zurückgreifen.

■ Angstfreie Begegnung.

Bei Hunden, die auf Jogger oder Radfahrer rea-gieren, ist das sichere Herkommen zum Besitzer die Grundvoraussetzung für ein erfolgreiches Training. Herkommen muss in jeder Situation sicher funktio-nieren. Hier hat sich ein Stufenplan bewährt: erst wenn die vorhergehende Stufe sicher funktioniert, darf zur nächsten übergegangen werden. Deshalb kann sich das Training über viele Wochen erstrecken.

TIPP Beim Hundetausch Haftungsfragen klären!

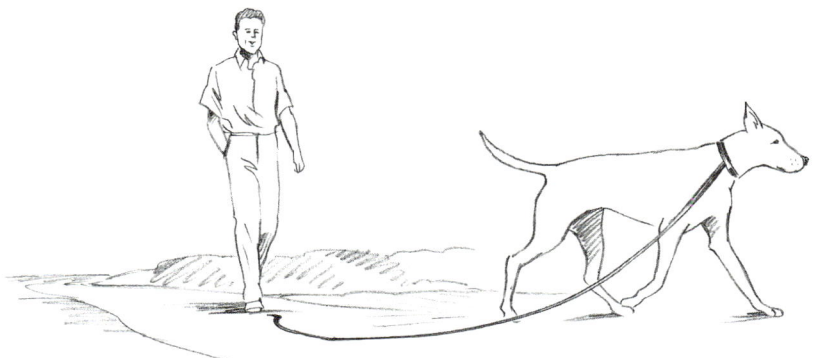

■ Das Ende der Schleppleine wird nicht in der Hand gehalten. Beim Kommando „Hier" muss sich der Besitzer aber im Bereich der Schleppleine befinden, damit er notfalls schnell eingreifen und den Hund zu sich heranholen kann.

81

Ablenkungen können sein:

Mauseloch, geworfener Ball, am Boden gerollter Ball, Quietschtier, Vogel im Gebüsch, plätschernder Bach, Mensch am Wegrand

Stufe 1: Der Besitzer übt das Herkommen des Hundes an der 2-m-Leine ohne Ablenkungen.

Stufe 2: Das Herkommen wird wie bei Stufe 1 geübt, aber nun mit Ablenkungen. Ablenkungen werden langsam gesteigert, sie werden intensiver und die Entfernung dazu verringert sich immer mehr.

Stufe 3: Der Besitzer übt das Herkommen des Hundes an der 10-m-Leine, zuerst ohne Ablenkungen

Stufe 4: Herkommen an der langen Leine mit Ablenkungen

Stufe 5: Herkommen des Hundes an der Schleppleine

Korrekturen

Fehler	Korrektur
Nachjagen	Lange Feldleine (10-m-Leine), Stoppkommando, Wurfkette oder Konditionierung auf Discs
Gegenstände bewachen	Keine Beutegegenstände beim Hund liegen lassen.
Misstrauische Hunde	Nicht jeden Hund einfach anfassen!
Anspringen, Verbellen von Passanten	Fußgehbungen mit Halti!
Fixieren auf Entfernung	Fußgehen mit schnellen Richtungswechseln weg vom entgegenkommenden Menschen

✎Und daheim? – Hausaufgaben

Das Problem lässt sich allein in einem Hundekurs nicht lösen, der Besitzer muss auch im Alltag einige Dinge berücksichtigen. Zeigt der Hund das aggressive Verhalten, weil er sein Territorium verteidigt oder generell zu Misstrauen neigt, muss der Besitzer lernen, seinen Hund genau zu interpretieren. Wann und wie schnell betrachtet sein Hund einen bestimmten Bereich als sein Territorium? Wann und in welchen Situationen mag er es nicht, von Fremden angefasst zu werden?

Neigt der Hund aus einem Beutefangverhalten heraus zu Aggression, sollten auch zu Hause keine wilden Spiele mit Nachjagen und Fangen von Gegenständen veranstaltet werden; actionreiche Spiele mit lauten Anfeuerungsrufen und lebhaften Bewegungen sind tabu. Der Hund sollte eher mit ruhig verlaufenden Aufgaben beschäftigt werden.

Dass der Besitzer auch daheim weiter an den Grundkommandos arbeitet, ist selbstverständlich.

Integrationschancen

Ein Hund mit Aggression gegenüber Menschen kann erst dann in einen allgemeinen Kurs integriert werden, wenn er keine Gefahr mehr für die anderen Kursteilnehmer darstellt. Bei Übungsstunden, die außerhalb der gewohnten Kursgruppe stattfinden, einem Stadt-spaziergang oder Übungen auf Wanderwegen, sind besondere Vorsichtsmaßnahmen nötig. In diesen Fällen muss sehr genau vorher mit dem Besitzer abgesprochen werden, wie er sich verhalten soll und vor allem, welchen Abstand er zu Fremden einhalten muss.

Ob ein Verhalten des Hundes als störend, aggressiv oder lustig empfunden wird, hängt von der jeweiligen Situation ab und oft auch von der Einstellung des Besitzers.

83

Hilfsmittel

In den Katalogen der Hundeausstatter werden vielerlei Hilfsmittel angeboten. Daraus auszuwählen, was wirklich sinnvoll ist, ist gar nicht so einfach! Es gibt keine Zaubermittel, die von heute auf morgen aus einem Flegel einen wohlerzogenen Hund machen.

Einfach und sinnvoll

Die hier genannten Hilfsmittel erleichtern die Ausbildung von schwierigen Hunden. Mit ihnen können Situationen oft so gestaltet werden, dass ein Hund überhaupt keine Chance hat, sich falsch zu verhalten oder aber es kann sofort korrigiert werden.

Lange Leine

Dies ist eine etwa 5 bis 10 Meter lange Leine mit einem stabilen Karabinerhaken. Sie sollte griffig und gut zu halten sein. Gleitet sie zu schnell durch die Hand, weil der Hund zum Beispiel plötzlich losrennt, können durch die Reibung Verbrennungen an den Händen entstehen. Sinnvoll sind deshalb Handschuhe. Die Stärke der Leine richtet sich auch nach der Größe des Hundes.

Die Leine wird zunächst vom Besitzer in der Hand gehalten, um jederzeit sofort eingreifen zu können. Zeigt der Hund Lernfortschritte, wird sie als Schleppleine verwendet. Dadurch wird vermieden, dass ein Hund lernt, nur dann zu gehorchen, wenn sein Besitzer die Leine festhält. Später ist es auch möglich die Leine allmählich zu verkürzen. Eine einfache Wäscheleine wird Stück für Stück abgeschnitten, so dass der Hund am Ende nur noch ein Stück Leine von wenigen Zentimetern am Halsband hängen hat.

Übungen mit der langen Leine oder Schleppleine können nur in Gelände ohne großen Bewuchs durchgeführt werden, sonst bleibt die

Eingesetzt wird die lange Leine um ...

- zuverlässigen Gehorsam des Hundes, auch in einigen Metern Entfernung zum Besitzer einzuüben.
- Blitzstarts in Richtung anderer Hunde oder Menschen zu unterbinden.
- Hinterherjagen von Wild, Joggern, Radfahrern zu vermeiden.
- sicheres und absolut zuverlässiges Herkommen zu trainieren.

Die kurze
Übungseinheit beim
täglichen Spaziergang

Leine ständig im Gestrüpp hängen, muss entwirrt werden und der Hund würde so am korrekten Ausführen von Kommandos gehindert.

Eimer, Pfosten und natürliche Hindernisse

Diese Hilfsmittel lassen sich vielseitig nützen. Sie sind als Orientierungshilfe beim gezielten Gehen besonders gut geeignet.

Vielen Hundebesitzern fällt es sehr schwer, zielgenau und bestimmt von einem Punkt zum anderen zu gehen. Sie bewegen sich zu langsam und zu unpräzise. Dadurch geht ihr Hund ebenfalls langsam und lustlos mit oder er bestimmt selbst die Richtung und beschäftigt sich mit anderen Dingen. Je nach Übungsgelände geben die Eimer oder Pfosten die Richtung vor. Sie können umrundet, genau angesteuert oder zum definierten Anhaltepunkt werden.

Meist haben sich Kursleiter und Teilnehmer an Bäume, Büsche, Bodenwellen, Hütten oder ähnliche Dinge auf dem Übungsgelände längst gewöhnt und beachten sie nicht weiter. Auch diese Naturhindernisse oder Einrichtungen können sehr sinnvoll genützt werden. Ein aggressiver oder hektischer Hund kann für eine kurze Pause außer Sicht geschickt werden. Sie dienen als Abstandsmarkierung für Hunde, die nicht zu nahe an der Gruppe üben können. Fußgehübungen um diese Hindernisse haben den Vorteil, dass so immer wieder der Blickkontakt zum anderen Hund oder zu anderen Menschen unterbrochen wird. Für manche schlecht motivierbaren Hunde ist es viel spannender, wenn sie um, über oder durch solche Hindernisse und Einrichtungen gehen müssen als immer nur auf der kurz gemähten Übungswiese.

Halti

Das Halti wird eingesetzt, um die Aufmerksamkeit eines leicht ablenkbaren Hundes auf den Besitzer zu konzentrieren. Auf Anheben

der Leine gleitet das Nasenstück des Haltis durch den Ring und ver-
engt sich um den Hundekiefer. Dadurch wird der Fang geschlossen
und der Hund muss seinen Kopf und damit seinen Blick zwangsläufig
in die Zugrichtung wenden. Wohin der Blick des Hundes geht, dahin
ist auch seine Aufmerksamkeit gerichtet. Bei kritischen Begegnungen
ermöglicht es, den Blickkontakt zu unterbrechen. Bevor ein Kursleiter
einem Kurshund ein Halti verordnet, muss er sich
sehr genau über die Einsatzmöglichkeiten und den
Gebrauch kundig machen und auch den Besitzer
anleiten. Die meisten Hunde wehren sich anfangs
und brauchen einige Zeit, bis sie sich an das Tragen des Haltis gewöhnt haben.

> **TIPP** Am Halti niemals
> Leinenruck geben! Leine gegenhalten
> oder wie Zügel beim Reiten gefühlvoll
> annehmen.

Maulkorb

Empfehlenswert ist ein Gitter-Maulkorb aus Kunststoff oder Leder.
Der Hund kann trotzdem die Schnauze öffnen, hecheln und Wasser
aufnehmen. Das ist in aufregenden und anstrengenden
Übungssituationen unbedingt nötig. Durch das Maulkorbgitter kann
der Hund außerdem mit einem Leckerchen belohnt werden.
Nylonmaulbänder werden zwar gerne verwendet, weil sie weniger

Sinnvolle
Hilfsmittel: Halti, Lange
Leine, Maulkorb.

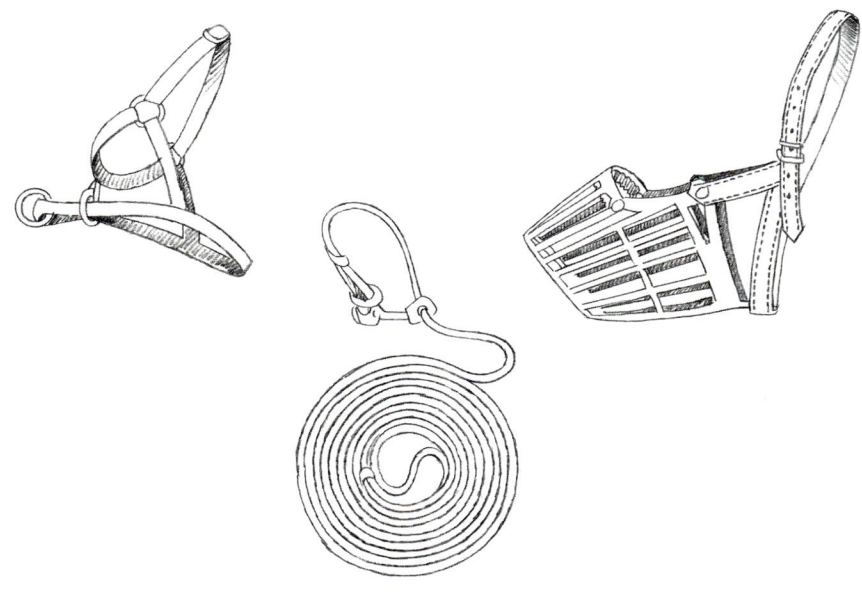

87

■ Haltitraining muss geübt werden.

TIPP ▸ Wenn Nylonmaulbänder gut sitzen, kann der Hund nicht hecheln: Kreislaufkollaps! Wenn Nylonmaulbänder zu locker sitzen, kann der Hund hecheln, aber trotzdem beißen!

auffallen, sie sind aber für längeres Tragen ungeeignet.

Ein Maulkorb macht einen Hund nicht sanftmütiger, er dient nur dazu, andere vor Verletzungen zu schützen. Weiß ein Besitzer, dass dank des Maulkorbs nichts passieren kann, wird er in Übungssituationen wieder ruhiger und gelassener arbeiten können.

Bei Hunden, die gegenüber Artgenossen aggressiv sind, wird manchmal empfohlen: „Maulkorb anziehen und Leine los, dann klären das die Hunde untereinander schon." Diese Methode ist riskant. Bevor bei einem Hund so gearbeitet werden kann, muss genau analysiert werden, ob es nicht Gründe gibt, die dagegen sprechen.

Gut, aber im Kurs nicht immer problemlos

Diese Hilfsmittel können bei der Erziehung von schwierigen Hunden gute Erfolge bringen. Sie sollten aber besser beim Einzeltraining verwendet werden, weil der Hundebesitzer zunächst im richtigen Umgang mit diesen Instrumenten geschult werden sollte und der Ausbilder die Reaktionen des Hundes darauf genau beobachten und dann auch sinnvoll korrigieren kann. Der Erfolg dieser Hilfsmittel hängt von der richtigen Handhabung und dem exakten Timing ab. In Kurssituationen ist diese genaue Anleitung jedes Einzelnen nicht immer möglich. Außerdem können, je nach Gruppenzusammensetzung, andere Hunde durch die Anwendung dieser Hilfsmittel gestört oder verunsichert werden.

Hat der Besitzer den exakten Umgang mit seinem Hilfsmittel erlernt und reagiert sein Hund gut darauf, dann ist es eventuell möglich, auch in Kurssituationen damit zu arbeiten, falls sich die anderen Hunde durch die Anwendung weder ablenken noch verwirren lassen. In jedem Fall sollte dies aber vorher mit dem Kursleiter und den anderen Teilnehmern abgesprochen werden.

> **TIPP** Ein Hilfsmittel ist keine Wunderwaffe, die automatisch funktioniert. Falsch eingesetzt ist es im günstigsten Fall unwirksam, kann manchmal aber auch Schaden anrichten.

Wurfkette

Die Wurfkette ist eine leichte, geschlossene Kette mit rundgeschliffenen Gliedern aus Metall. Sie kann sehr exakt geworfen werden, rasselt recht laut und verletzt den Hund normalerweise nicht.

Anwendung findet die Wurfkette dann, wenn der Hund in seinem Tun gestoppt werden soll, etwa wenn er Vögeln hinterherjagt oder tote Mäuse vom Boden frisst. Wird dann die Kette direkt neben den Hund geworfen oder rasselnd in Richtung Hund über den Boden „geschlittert", erschrickt der Hund, hört für kurze Zeit mit seinem Tun auf und kann in diesem Moment durch ein anderes Kommando korrigiert werden. Wichtig bei der Anwendung einer Wurfkette ist, dass sie niemals direkt auf den Hund geworfen wird, vor allem nicht, wenn er im Begriff ist, herzukommen oder seinen Besitzer anzuschauen. Das Korrekturkommando muss im richtigen Moment erfolgen; verhält sich der Hund daraufhin richtig, wird er ausführlich gelobt.

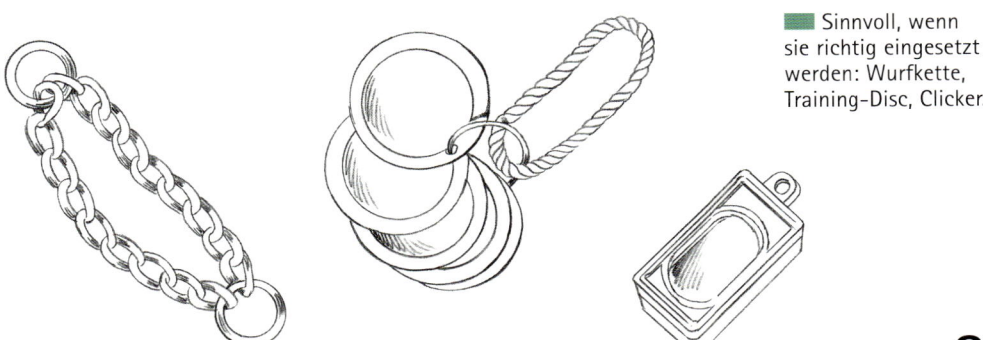

Sinnvoll, wenn sie richtig eingesetzt werden: Wurfkette, Training-Disc, Clicker.

89

Fisher Training-Disc

Der Unterschied zur Wurfkette besteht darin, dass der Hund auf den bestimmten Ton der Disc konditioniert wird und darauf, dass es ihm beim Ertönen der Scheiben unmöglich gemacht wird, mit seinem Tun fortzufahren. Das besondere Geräusch der Scheiben unterscheidet sich auch deutlich von anderen klirrenden Alltagsgegenständen wie etwa einem Schlüsselbund.

Die Scheiben werden vorwiegend dafür eingesetzt, den Hund bei einer unerwünschten Handlung zu stoppen (Wild nachjagen, Jogger verbellen oder aggressivem Verhalten gegenüber anderen Hunden). Die Disc können im Hundekurs nur dann eingesetzt werden, wenn sie für die anderen Hunde keine Bedeutung haben. Sind mehrere Hunde einer Übungsgruppe auf die Scheiben konditioniert, ist das Chaos und auch die Wirkungslosigkeit der Scheiben vorprogrammiert. Der erste Hund wurde vielleicht darauf konditioniert, beim Ertönen der Disc nichts mehr vom Boden aufzunehmen, der zweite darauf, den Nachbarrüden nicht mehr anzuschauen und ein dritter soll nicht mehr Nachbars Katzen nachhetzen. Welcher Hund soll sich da angesprochen fühlen?

Selbst wenn die Training-Disc für alle Hunde einer Übungsgruppe die gleiche Bedeutung haben, z. B. den nebenstehenden Hund nicht mehr anzuschauen, was in einem „Rauferkurs" durchaus vorkommen kann, ist der Einsatz der Scheiben im Kursgeschehen nicht möglich. Nie werden sich alle Hunde gleichzeitig falsch verhalten, das Timing kann also immer nur für einen Hund richtig sein. Die anderen werden durch das Ertönen der Scheiben verunsichert, wenn sie sich in diesem Moment absolut richtig verhalten haben.

■ Rechte Seite: Es geht auch ohne Stachelhalsband.

Clicker

Der Hund wird darauf trainiert, das Knackgeräusch des Clickers mit einer direkt danach gegebenen Belohnung zu verbinden. Er wird zunehmend das Geräusch als Lob und Bestätigung seines Tuns empfinden. Hat der Hund das Prinzip begriffen, ist der Clicker eine sehr gute Möglichkeit, ihn präzise für sein erfolgreiches Tun zu bestätigen. Clicker-Training funktioniert durch positive Bestätigung des richtigen Verhaltens, falsches Verhalten wird ignoriert.

Eine sehr positive Wirkung wird mit dem Clicker auch dann erzielt, wenn die verbale Kommunikation zwischen Hund und Besitzer schon recht gestört ist. Der Hund erwartet von seinem Menschen nur harte, strafende Töne und der Besitzer kann schon gar nicht mehr anders als

gereizt, ungeduldig oder laut auf seinen Hund einzureden. In solchen Fällen ist der Clicker als neues, neutrales Verständigungsmittel sehr hilfreich. Schnell zeigen sich erste Erfolge und die Beziehung zwischen Hund und Mensch wird dadurch wieder entspannter.

Hat der Besitzer gelernt, den Clicker richtig einzusetzen, kann er auch im Kurs bei der Einzelarbeit angewendet werden. Hierbei ist meist der räumliche Abstand zu den anderen Hunden so groß, dass sich diese durch das Clickgeräusch nicht angesprochen oder irritiert fühlen. Beim Einsatz in der Gruppe muss vorher abgesprochen werden, ob ein anderer Hund ebenfalls mit Clicker trainiert wird.

TIPP
Fachliteratur zum Thema „Hilfsmittel" lesen lohnt sich!

Schmerzhaft und nicht sinnvoll

Bei diesen Hilfsmitteln wie zum Beispiel Stachelhalsband oder Elektroschockgeräte wird auf den Hund mehr oder weniger schmerzhaft eingewirkt, wenn er sich in einer bestimmten Situation falsch verhält. Dadurch soll er lernen, dieses Verhalten zu unterlassen. Manchmal wird dann auch noch vorausgesetzt, dass der Hund anschließend von sich aus das richtige Verhalten zeigen soll.

Häufig stimmt jedoch das Timing nicht, der Hund kann seine Tat nicht mit der Strafeinwirkung verbinden und verknüpft eine ganz andere Begebenheit mit den Schmerzen. Lernen durch Strafe, durch Zufügen von körperlichen Schmerzen erzeugt im Hund weder eine freudige Grundhaltung noch ein begeistertes Mitarbeiten, sondern bewirkt Angst und Stress.

Es ist erwiesen, dass Hunde in entspannter, neutraler Situation am besten lernen. Stress in jeder Form ist dem Lernen abträglich oder macht es unmöglich. Stress blockiert die Verarbeitung und Abspeicherung von Lerneindrücken, andauernder Stress beim Üben kann langfristig auch die Gesundheit des Hundes beeinträchtigen.

Es gibt zudem Hunde, die beim Einsatz von Schmerz verursachenden Hilfsmitteln aggressiv reagieren. Sie verbinden den Schmerz nicht mit ihrem Fehlverhalten, sondern mit ihrer Wahrnehmung.

Beispiel: Ein Hund soll lernen, andere Hunde nicht zu verbellen. Jedesmal, wenn er einen anderen Hund anbellt, wird er mit Hilfe dieser Mittel bestraft. Er verknüpft unter Umständen seine Schmerzen mit dem Auftauchen des anderen Hundes. Es ist verständlich, wenn der Hund dann noch aggressiver auf den Anblick eines anderen Hundes reagiert.

Zusammenfassung

In jahrelanger Arbeit mit Trainingsgruppen, mit einfachen und schwierigen Hunden, mit umgänglichen und komplizierten Hundebesitzern, unter einfachen und schwierigen äußeren Bedingungen, auf dem Platz und im Gelände haben wir immer wieder die selben Faktoren gefunden, die gutes Hundetraining möglich machen.
Hundeausbildung ist immer eine Gratwanderung zwischen klarem Konzept und Flexibilität.
Damit Hundetraining funktioniert, brauchen wir:

- kleine Übungsgruppen
- emanzipierte Hundebesitzer, die mitdenken
- Kursleiter, die sich ständig schulen und fortbilden
- gute menschliche Umgangsformen
- stressfreie Atmosphäre

Hundebesitzer und Kursleiter legen ihr Augenmerk oft auf die Dinge, die noch nicht funktionieren oder noch verbesserungswürdig sind. Dabei übersehen sie kleine Erfolge, die schon erreicht wurden. Durch diese Sichtweise entstehen häufig Ungeduld, Unzufriedenheit und Enttäuschungen. Zu erkennen, was bereits erreicht wurde, sich zunächst damit zufrieden zu geben und dann mit neuem Mut und Schwung weiterzuarbeiten, ist der bessere Weg.

> TierSchG § 1:
> Niemand darf einem Tier ohne vernünftigen Grund Schmerzen, Leiden oder Schäden zufügen.
> § 3, Abs. 5:
> Es ist verboten, ein Tier auszubilden, sofern damit erhebliche Schmerzen, Leiden oder Schäden für das Tier verbunden sind.

Zufriedener Hund am Ende eines gelungenen Übungsnachmittags!

Literatur

Roger Mugford: Hundeerziehung 2000. Kynos-Verlag, Mürlenbach/Eifel 1992.

Celina del Amo: Problem mit dem Hund verstehen und vermeiden. Verlag Eugen Ulmer, Stuttgart 1999.

Daniel Tortora: Schwieriger Hund was tun? Müller-Rüschlikon, Stuttgart/Wien/Zürich 1979.

Karen Pryor: Positiv bestärken – sanft erziehen. Kosmos-Verlag, Stuttgart 1999.

Monika Schaal/Ursula Thumm: Abwechslung im Hundetraining. Verlag Eugen Ulmer, Stuttgart 1999.

Dr. Ursula Breuer: Somatische Ursachen als Auslöser für Verhaltensprobleme und Verhaltensstörungen bei Hund und Katze. Tierärztliche Umschau 1/2000.

Heidi Bernauer-Münz/Christiane Quandt: Problemverhalten beim Hund. Gustav Fischer Verlag, Jena/Stuttgart 1995.

John Fischer: Vom Strolch zum Freund, Das ABC für Problemhunde. Müller-Rüschlikon, Cham 1995.

Jürgen Hüholdt: Gesagt ist nicht gehört. Verlag für Didaktik, Bochum, 4. Auflage 1992.

Bildquellen

Register

Impressum

Die Deutsche Bibliothek – CIP-Einheitsaufnahme
Der schwierige Hund im Training / Monika Schaal; Ursula Daugschieß-Thumm. –
Stuttgart (Hohenheim): Ulmer, 2001
    (Heimtiere)
    ISBN 3-8001-3255-9

© 2001 Verlag Eugen Ulmer GmbH & Co., Wollgrasweg 41, 70599 Stuttgart (Hohenheim),
internet: www.ulmer.de; e-mail: info@ulmer.de.
Printed in Germany
Lektorat: Dr. Eva-Maria Götz
Herstellung & DTP: Gabriele Wieczorek
Druck und Bindung: Aprinta, Wemding

Neues für den Hundefreund.

In sieben Kapiteln liefern die beiden im Hundetraining erfahrenen Autoren die Zutaten für die Mischung des abwechslungsreicheichen Trainings. Die Übungen können immer wieder unterschiedlich kombiniert werden. Damit kommt Abwechslung in den Trainingsalltag.
Abwechslung im Hundetraining. M. Schaal, U. Thumm. 1999. 109 S. 71 Farbf., 17 Zeichn. ISBN 3-8001-7462-6.

Dieses Buch hilft dem Hundehalter, Notfälle rechtzeitig zu erkennen, die Übersicht zu behalten und die richtigen Schritte einzuleiten. Allgemeine Behandlungsgrundsätze werden durch solche für spezielle Notfallsituationen ergänzt.
Grundkurs Erste Hilfe für Hunde. A. Bogitzky. 2000. 111 S., zahlr. Abb. ISBN 3-8001-7473-1.

In diesem Buch wird genau erklärt, wie Probleme mit dem Hund entstehen und was man dagegen tun kann. Wer die Körpersprache des Hundes kennt und weiß, wie ein Hundehirn lernt, der kann so manche „Fehlverknüpfung" vermeiden.
Probleme mit dem Hund verstehen und vermeiden. Mit 6 speziellen Trainingsprogrammen. C. del Amo. 1999. 190 S., 56 Farbf., 11 Zeichn. ISBN 3-8001-7468-5.

Diese 100 Spielideen und Übungen zeigen, wie man garantiert die Langeweile aus dem Hundeleben vertreibt und dem Hund nebenbei auch den nötigen Gehorsam beibringt.
Spielschule für Hunde. 100 Tricks und Übungen. C. del Amo. 2. Aufl. 1999. 190 S., 86 Farbf., 19 Zeichn. ISBN 3-8001-6901-0.

Dieses Buch macht mit dem Ausdrucksverhalten von Hunden vertraut und gibt Tipps zum richtigen Umgang und Verhalten.
Die Körpersprache des Hundes. Ausdrucksverhalten erkennen und verstehen. F. Ohl. 1999. 111 S., 57 Farbf., 22 Zeichn. ISBN 3-8001-7445-6.

Dieses Buch bildet die Grundlage dafür, dass der Hundebesitzer bei seinem Tier Krankheiten erkennen und einschätzen kann.
Hundekrankheiten. E. Ernst. 2000. 213 S., 88 Farbf., 16 Zeichn. ISBN 3-8001-3181-1.

Zahlreiche Anregungen für spielerische Übungen.
Spiel und Spaß mit meinem Hund. D. Baumann. 1997. 149 S., 104 Farbf. ISBN 3-8001-7377-8.